كتاب الطبخ الأزيز ديلايتس

100 وصفات لتحجيم الفم والصراخ الساخنة

داهو ةيناد

جدول المحتويات

6

مقدمة

لقد نجحت الحياة العصرية بالتأكيد في إبراز طهاتنا الداخليين ، مما ألهم السعي لإعادة ابتكار أطباق على طراز المطاعم في المنزل. أحدث الاتجاهات التي جربناها جميعًا مستوحاة من مطعم زرلمزس.

إذا كنت تعرف ، فأنت تعرف إثارة صراخ الأزيز الساخن.

إنه ممتع بقدر ما هو درامي ، يتم تسجيله من خلال الأزيز المُرضي للصلصة التي تُسكب فوق الطبق الساخن. سوف أتوازن معك ، إنه ليس أسهل طبق يمكن إتقانه بمستوى معقول من الجهد المتضمن في التجميع. ومع ذلك ، فإن النتيجة النهائية تستحق العناء بالتأكيد! إليك بعض الوصفات المفيدة لتبدأ في تخصيص أزيزك الخاص!

المبتدئين

1. نخب سيزلر بالجبن والثوم

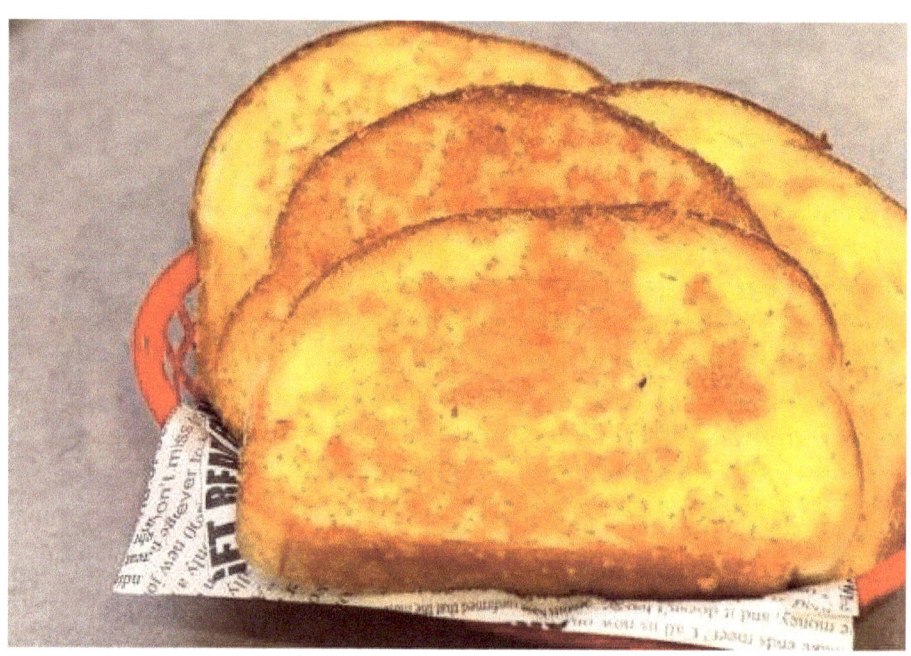

يجعل: 8 حصص

مكونات:
● 2 جنيه خبز
● سمنة
● جبن بارميزان مبشور
● زيت للشواء

تعليمات:
a) الزبدة على جانبي شرائح الخبز.
b) اضغط على شرائح الزبدة في جبن البارميزان المبشور (مثل البارميزان المجفف كرافت).
c) غطي الشرائح جيداً بالجبن المبشور.
d) يُحمص على صينية مسطحة أو مقلاة جيد التزييت على نار متوسطة ، مع التقليب مرة واحدة.
e) أي خبز إضافي يتجمد جيدًا.

2. فلفل مشوي سمورز

يجعل: 6 حصص

مكونات
● 6 فلفل مشوي كامل. مقشر
● ½ رطل جبن موزاريلا طازج
● رشة ملح
● 3 ملاعق صغيرة زيت زيتون
● 1 باقة روزماري
● رشة فلفل أسود مطحون طازجًا

تعليمات:
a) ضع قطعة من الجبن في كل فلفل.
b) أضف غصنًا صغيرًا من إكليل الجبل والملح والفلفل ونصف ملعقة صغيرة من زيت الزيتون حتى تنتهي. أغلق الجزء العلوي من كل فلفل بالجزء المفروم.
c) سخن الشواية على حرارة متوسطة إلى عالية.
d) ضعي الفلفل على الشواية واطهيه لمدة دقيقتين لكل جانب ، مع تدويره بملقط حتى يذوب الجبن.
e) ضعي في الطبق ورشي عليه زيت الزيتون ، وتبليه بالملح والفلفل ، ووزعيه فوق غصن إكليل الجبل. تخدم على الفور.

3. شرائح طماطم وجبنة مشوية

يجعل: 4 حصص

مكونات
- 4 قطع خبز بيضاء
- 1 حبة طماطم كبيرة ، ممسحة ومقطعة
- 4 شرائح جبن الماعز حلقات

تلبيس
- 2 ملاعق صغيرة عصير ليمون
- رشة ملح
- رشة فلفل مطحون طازج
- اختيار أوراق السلطة
- 1 ملعقة صغيرة خل بلسميك
- 2 ملاعق كبيرة زيت زيتون

تعليمات:

a) سخن الشواية.

b) قطعي أربع جولات من شرائح الخبز باستخدام قاطعة معدنية دائرية مقاس 3 بوصات ، ثم تحميصها في فرن متوسط لمدة 1-2 دقيقة ، أو حتى يصبح لونها بنياً ذهبياً.

c) ضعي شرائح التوست فوق شرائح الطماطم وجبن الماعز وسخنيها لمدة 4-5 دقائق إضافية ، حتى تصبح ذهبية اللون.

d) تُمزج مكونات الصلصة ، ثم تُرتب حلقات جبن الماعز المشوي على طبقة من أوراق الخس في أطباق التقديم.

e) رشي الصلصة على الوجه وقدميها على الفور.

4. بامية الكاجون المشوية والذرة

يجعل: 6

مكونات

- ربع كوب عصير ليمون طازج
- 1 ملعقة كبيرة بهار الكاجون
- 1 ملعقة صغيرة قشر ليمون مبشور
- 1 فص ثوم مفروم
- 5 أونصات عصير طماطم
- قشور 3 آذان الذرة ، مقطعة بالعرض إلى شرائح
- ½ أرطال بامية
- 1 حبة فليفلة حمراء مقطعة إلى مربعات 1 بوصة
- رذاذ طبخ الخضار

تعليمات:

a) في كيس بلاستيكي كبير للخدمة الشاقة ، اخلطي المكونات الخمسة الأولى.
b) أغلق الكيس بالخضروات بالداخل. ضعيه في الثلاجة لمدة ساعة ، مع قلب الكيس في منتصف الطريق.
c) باستخدام 6 أسياخ ، اسياخ الخضار بالتناوب.
d) يُطهى لمدة 13 دقيقة أو حتى ينضج على رف شواء مغطى برذاذ الطهي ، مع التقليب والتبيل بانتظام مع المتبقي من التتبيلة.

5. سيزلر الجبن

مكونات:

- 1 كوب جبن سويسري مبشور أو كوب جبن شيدر
- 4/1 كوب لحم مقدد مطبوخ مفتت
- 4/1 ج مايونيز
- 1 ملعقة كبيرة ثوم معمر أو 1 ملعقة كبيرة بصل أخضر مفروم
- 4/1 كوب زيتون أسود مقطع
- 18 شريحة مصغرة من خبز كوكتيل الجاودار

تعليمات:

a) الجمع بين جميع المكونات وتخلط جيدا؛

b) ينتشر على شرائح الخبز.

c) اشوي 4 بوصات من على النار حتى تذوب الجبن.

6. سیزلر تشیز توست مقلد

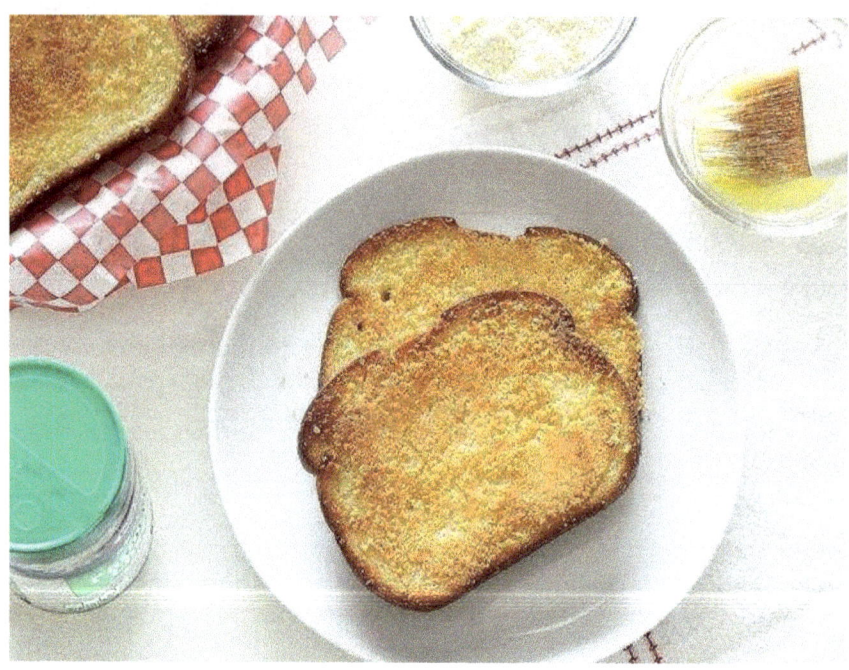

يصنع: 4 شرائح

مكونات:
- ¼ ج زبدة مملحة طرية
- ¼ مزيج جبن إيطالي مبشور جبن بارميزان ، موزاريلا ، أسياجو ، إلخ.
- 4 شرائح سميكة من الخبز المحمص مثل توست تكساس

تعليمات:
a) يُمزج الزبدة والجبن في وعاء صغير.
b) يُوزّع على جانب واحد من الخبز ويُطهى جانب الزبدة في مقلاة غير قابلة للالتصاق على نار متوسطة منخفضة. يُطهى حتى يصبح الجبن ذهبيًا وينقل إلى طبق. قطع وتقديم.

سلطة و أطباق جانبية

7. الفلفل الحار

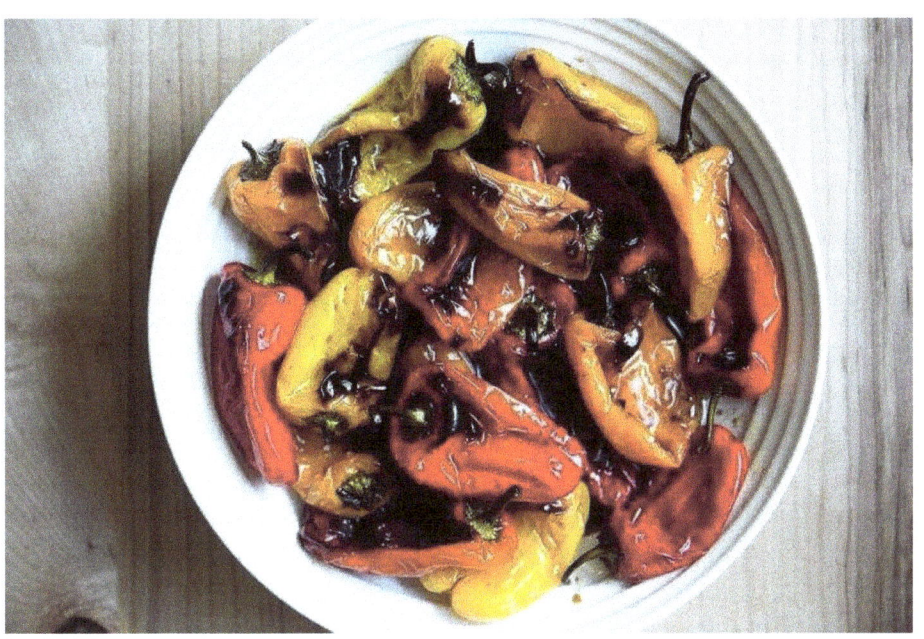

يجعل: 2

مكونات:
- 11 أوقية. فلفل رضيع
- 4 ملاعق كبيرة زيت زيتون

صلصة فيردي
- 2 أوقية. بَقدونس
- 2 أوقية. رَيحان
- 1 فص ثوم مفروم
- 6 ملاعق كبيرة زيت زيتون
- 2 ملاعق صغيرة ملح البحر
- عصير نصف ليمونة

تعليمات:
a) تُمزج مكونات السالسا فيردي في محضر الطعام.
b) ضع مقلاة سيزلر في الفرن لتسخينها بملعقتين صغيرتين من زيت الزيتون.
c) ضعي الفلفل د داخل السيزلر ، ورشي عليه زيت الزيتون ، وأعيديه إلى الفرن لمدة 5 دقائق أو حتى يتحول لونه إلى البني من جهة ، ثم اقلبي الفليفلة واتركيها على النار لمدة 5 دقائق أخرى.
d) نخرج الفلفل من الفرن ثم نرش الصلصة الخضراء فوقها.
e) يخدم.

8. الهليون الملفوف بالبارما

يصنع:2

مكونات:
- 8 حراب هليون
- 8 شرائح بارما هام
- 2 ملاعق كبيرة زيت زيتون
- 2 ملاعق كبيرة جبن بارميزان مبشور

تعليمات:

a) سخن فرن الحطب على درجة حرارة متوسطة إلى عالية.

b) سلق أعواد الهليون في قدر بوضعها في ماء مغلي بلطف لمدة دقيقتين ، ثم أخرجها ووضعها في ماء مثلج أو تحت ماء جاري بارد.

c) ضع Grizzler داخل فرن الحطب للتدفئة بعد إضافة زيت الزيتون.

d) لف حافة لحم الخنزير البارما حول رمح الهليون ، ولفها لتغليف الرمح بالكامل في لحم الخنزير.

e) أخرجي جريزلر من الفرن وضعي الهليون الملفوف.

f) رشي جبن البارميزان فوق الهليون وأعيدي جريزلر إلى الفرن.

g) اشويها لمدة دقيقتين لكل جانب ، أو حتى تظهر علامات الشواء على كلا الجانبين.

9. صلصة سيزلر حارة وحارة

يجعل: 1 حصة

مكونات:
● 4 قطع لحم مقدد ، مقطعة إلى مكعبات
● ربع كوب صلصة بيس بيكانتي
● نصف كوب من خل النبيذ الأحمر
● 2 ملاعق صغيرة سكر

a) يُطهى لحم الخنزير المقدد في مقلاة حتى ينضج.
b) يُضاف باقي المكونات ويُغلى المزيج مع التحريك باستمرار.
c) ضعي الصلصة الساخنة فوق سلطات السبانخ أو شرائح الطماطم قبل التقديم مباشرة.

10. بطاطس سيزلر

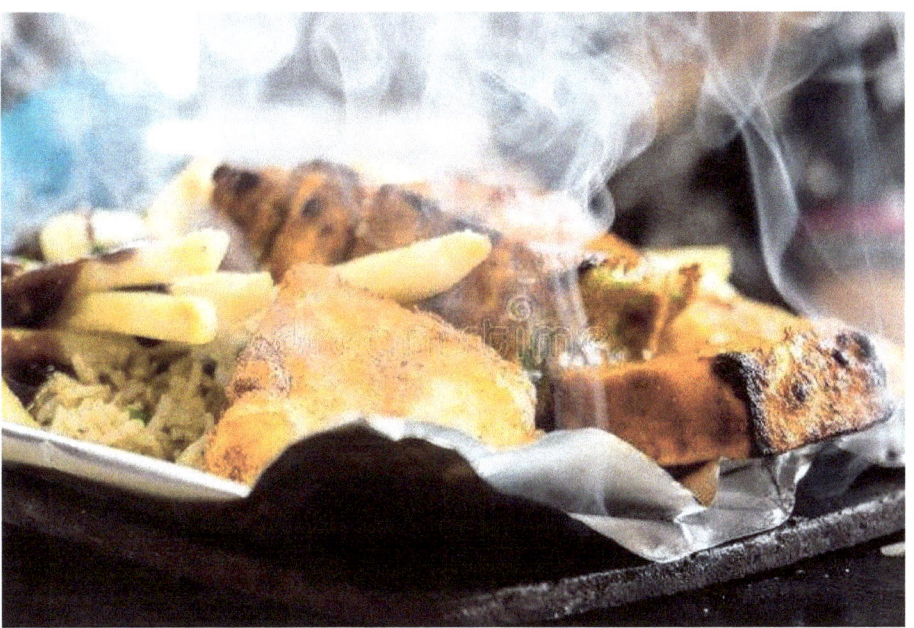

مكونات:

- 2 بطاطس متوسطة الحجم
- زيت للقلي
- 1 بصلة (مقطعة)
- 3 طماطم (معجون)
- 1 ملعقة كبيرة معجون ثوم زنجبيل
- 3 ملاعق كبيرة كاتشب حار و ثوم
- 1 ملعقة كبيرة صلصة الصويا
- 2 ملعقة كبيرة صلصة الفلفل الحار
- ملح للتذوق
- 1 ملعقة صغيرة مسحوق فلفل أحمر
- 4/1 كوب ماء
- 5-4 ملاعق كبيرة زيت
- أوراق الكزبرة على النحو المطلوب
- 1 فلفل أخضر مفروم

تعليمات:

a) قشري البطاطس واغسليها جيداً
b) اقطعها الآن مثل البطاطس المقلية واغسلها جيدًا لإزالة النشا.
c) يُسخن الزيت في مقلاة للقلي العميق.
d) اقليها جيدًا حتى تنضج جيدًا.
e) صفي الزيت منها.
f) الآن خذ 3-4 ملاعق كبيرة زيت في مقلاة وقم بتسخينها.
g) يُضاف البصل المفروم ويُطهى حتى يتغير لونه.
h) نضيف الآن معجون الزنجبيل والثوم ونخلط جيدا.
i) أضيفي الآن معجون الطماطم واخلطي جيدًا واطهي لبعض الوقت.
j) يُضاف مسحوق الفلفل الأحمر ويُمزج جيداً.
k) أضف الماء الآن واخلطه جيدًا حتى يعطي مظهر مرق اللحم.
l) نضيف الملح وصلصة الصويا وصلصة الفلفل ونخلط جيدا.
m) نضيف الآن أوراق الكزبرة ونخلط جيداً. ثم يضاف كاتشب الفلفل الحار والثوم ويخلط جيدا.
n) أضيفي البطاطا الآن واخلطيها جيدًا واطبخي لمدة 2-3 نعناع.
o) ضعي صحن البطاطس في وعاء.
p) تُرش أوراق الكزبرة والفلفل الأخضر وتقدم ساخنة مع الأرز المقلي.

11. سبانخ سيزلر

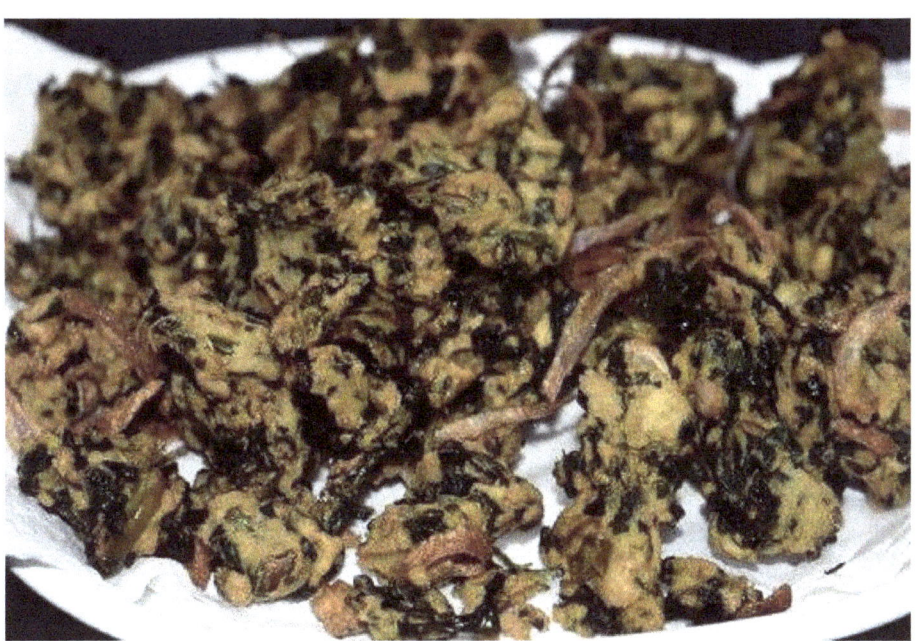

مكونات:
- 250 جرام سبانخ
- 2 ملعقة كبيرة بيزان
- 4 آالو
- 3 بصل
- حسب الذوق ملح
- حسب الحاجة فلفل احمر
- مسحوق المانجو المطلوب
- حسب الحاجة زيت

تعليمات:
a) خذ الزيت في المقلاة وقم بتسخينه.
b) الآن اخلطي السبانخ والبطاطس والبصل والملح والفلفل الحار ومسحوق المانجو.
c) الآن اصنع عجينة وأعطي شكل أزيز. تقلى انها جاهزة.

12. سلطة الفول الحارة

صنع: 5 أكواب (1.19 لتر)

مكونات:

- 4 أكواب من الفاصوليا المطبوخة (أو علبتان [15 أونصة] (426 جم) ، مصفاة ومغسولة)
- 1 حبة بطاطا متوسطة مسلوقة ومقطعة مكعبات
- ½ بصل أحمر متوسط مقشر ومقطع إلى مكعبات
- 1 طماطم متوسطة ، مقطعة إلى مكعبات
- قطعة واحدة من جذر الزنجبيل مقشرة ومبشورة أو مفرومة
- 3-2 فلفل تايلاندي أخضر أو سيرانو أو كايين ، مفروم
- عصير 1 ليمونة
- 1 ملعقة صغيرة ملح أسود
- 1 ملعقة صغيرة شات ماسالا
- ملعقة صغيرة ملح بحر خشن
- -1 ملعقة صغيرة من مسحوق الفلفل الأحمر أو الفلفل الحار
- ربع كوب (4 جم) كزبرة طازجة مفرومة
- نصف كوب (59 مل) تمر هندي - صلصة تمر

تعليمات:

a) في وعاء كبير ، اخلطي جميع المكونات ماعدا التمر الهندي - صلصلة التمر.

b) قسّمي السلطة بين أوعية صغيرة للتقديم ووزعي فوق كل منها ملعقة كبيرة من تمر هندي - تمر تشاتني.

13. قرنبيط محمص وبروكلي

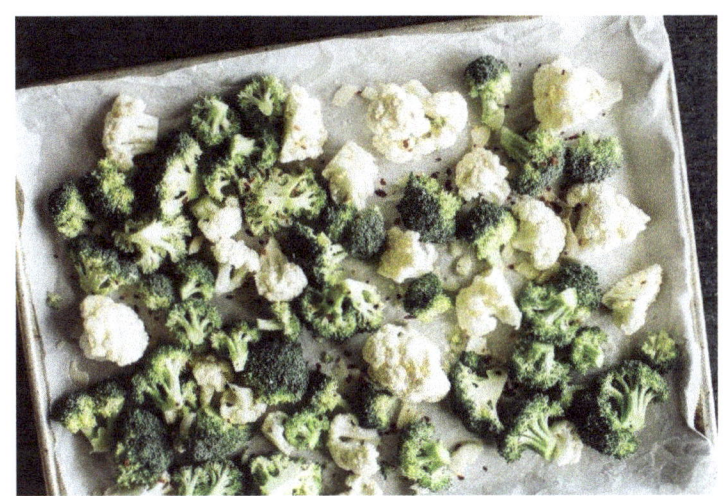

صنع: 8 أكواب (1.90 لتر)

مكونات:

● 1 قرنبيط ذو رأس كبير ، زهور مُزالة ومقطعة إلى قطع صغيرة الحجم (3 أكواب [300 جم])

● 1 رأس بروكلي كبير ، زهور منزوعة ومقطعة إلى قطع صغيرة الحجم (1 كوب [100 جم])

● 2 كوب (320 جم) طماطم كرزية

● 1 ملعقة كبيرة ممتلئة من جارام ماسالا

● 2 ملاعق صغيرة ملح البحر الخشن

● 2 ملاعق كبيرة زيت

تعليمات:

a) اضبط رف الفرن على أعلى وضع وقم بتسخين الفرن مسبقًا إلى 425 درجة فهرنهايت (220 درجة مئوية). قم بتبطين صينية الخبز بورق الألمنيوم لسهولة التنظيف.

b) ضعي القرنبيط والبروكلي والطماطم في وعاء فسيح كبير.

c) أضف جارام ماسالا والملح والزيت. تخلط بلطف.

d) رتب الخليط على صينية الخبز المعدة. يُطهى لمدة 30 دقيقة ، مع التحريك مرة واحدة في منتصف وقت الطهي. دعها تبرد قليلا.

e) قدميها مع أرز محشي في خبز بيتا أو مع روتي أو نان.

14. يوبرز الحمص

يصنع: 4 أكواب (948 مل)

مكونات:

● 4 أكواب من الحمص المطبوخ أو 2 علب حمص سعة 12 أونصة
● 1 ملعقة كبيرة جارام ماسالا ، شات ماسالا أو سمبهار ماسالا
● 2 ملاعق صغيرة ملح البحر الخشن 2 ملاعق كبيرة زيت
● 1 ملعقة صغيرة من مسحوق الفلفل الأحمر أو الفلفل الحار أو الفلفل الحلو ، بالإضافة إلى المزيد للرش

تعليمات:

a) اضبط رف الفرن على أعلى وضع وقم بتسخين الفرن مسبقًا إلى 425 درجة فهرنهايت (220 درجة مئوية). قم بتبطين صينية الخبز بورق الألمنيوم لسهولة التنظيف.

b) صفي الحمص في مصفاة كبيرة لمدة 15 دقيقة للتخلص من أكبر قدر ممكن من الرطوبة. في حالة استخدام المعلبات ، اشطفها أولاً.

c) في وعاء كبير ، اخلطي جميع المكونات برفق.

d) رتبي الحمص المتبل في طبقة واحدة على صينية الخبز.

e) طهي لمدة 15 دقيقة. أخرجي الصينية من الفرن بحذر ، واخلطيها برفق حتى ينضج الحمص بالتساوي ، واتركيها على النار لمدة 10 دقائق أخرى.

f) اتركه يبرد لمدة 15 دقيقة. رشي مسحوق الفلفل الأحمر أو الفلفل الحار أو الفلفل الحلو.

15. سلطة مونج براعم الأم

التحضير: 2 كوب (474 مل)

مكونات:

- 1 كوب (192 جم) من العدس الأخضر الكامل المنبت
- 1 بصلة خضراء مفرومة
- 1 حبة طماطم صغيرة مفرومة (نصف كوب [80 جم])
- فلفل صغير أحمر أو أصفر ، مفروم (¼ كوب [38 جم])
- 1 حبة خيار صغيرة مقشرة ومفرومة
- حبة بطاطا صغيرة مسلوقة ومقشرة ومفرومة
- قطعة واحدة من جذر الزنجبيل مقشرة ومبشورة أو مفرومة
- 1-2 فلفل تايلاندي أخضر أو سيرانو أو حريف مقطع
- ربع كوب (4 جم) كزبرة طازجة مفرومة
- عصير نصف ليمون أو ليمون حامض
- نصف ملعقة صغيرة ملح البحر
- ملعقة صغيرة من مسحوق الفلفل الأحمر أو الفلفل الحار
- ملعقة صغيرة زيت

تعليمات:

a) تُمزج جميع المكونات وتخلط جيدًا. تُقدم كسلطة جانبية أو كوجبة خفيفة سريعة وصحية غنية بالبروتين.

b) احشي داخل خبز بيتا مع الأفوكادو المفروم لوجبة غداء سريعة.

16. سلطة الطماطم والخيار والبصل

صنع: 5 أكواب (1.19 لتر)

مكونات:
- 1 بصلة كبيرة صفراء أو حمراء مقشرة ومقطعة إلى مكعبات
- 4 حبات طماطم متوسطة ، مقطعة إلى مكعبات
- 4 حبات خيار متوسط مقشر ومقطع إلى مكعبات
- 3-1 فلفل تايلاندي أخضر أو سيرانو أو حريف مقطع
- عصير 2 ليمون حامض
- ربع كوب (4 جم) كزبرة طازجة مفرومة
- 1 ملعقة صغيرة ملح البحر الخشن
- 1 ملعقة صغيرة ملح أسود
- 1 ملعقة صغيرة من مسحوق الفلفل الأحمر أو الفلفل الحار

تعليمات:

a) في وعاء كبير ، امزج جميع المكونات واخلطها جيدًا.

b) قدميها على الفور كطبق جانبي لأي طبق ، أو قدميها مع رقائق البطاطس كصلصة سريعة وصحية. ضع في اعتبارك أنه مع مزيج الجير والطماطم ، لا تتمتع هذه السلطة بعمر افتراضي طويل.

17. سلطة الحمص بوير ستريت

صنع: 5 أكواب (1.19 لتر)

مكونات:

- 4 أكواب (948 مل) من حبوب الحمص المطبوخة مع أي ماسالا
- 1 بصلة متوسطة الحجم صفراء أو حمراء مقشرة ومقطعة إلى مكعبات
- 1 طماطم كبيرة مقطعة إلى مكعبات
- عصير 2 ليمون
- نصف كوب (8 جم) كزبرة طازجة مفرومة
- 4-2 فلفل تايلاندي أخضر أو سيرانو أو حريف ، مفروم
- 1 ملعقة صغيرة ملح البحر الخشن
- 1 ملعقة صغيرة ملح أسود
- 1 ملعقة صغيرة من مسحوق الفلفل الأحمر أو الفلفل الحار
- 1 ملعقة صغيرة شات ماسالا
- نصف كوب (119 مل) صلصة تشاتني بالنعناع
- نصف كوب (119 مل) تمر هندي - صلصة تمر
- 1 كوب (237 مل) زبادي صويا رايتا

تعليمات:

a) في وعاء عميق ، اخلطي الحمص ، البصل ، الطماطم ، عصير الليمون ، الكزبرة ، الفلفل الحار ، ملح البحر ، الملح الأسود ، مسحوق الفلفل الأحمر ، وشات ماسالا.

b) يقسم الخليط على أوعية تقديم فردية.

c) يُغطى كل وعاء بملعقة كبيرة من كل من النعناع والتمر الهندي والصلصة واللبن الصويا رايتا. قدميها على الفور.

18. سلطة شارع الذرة

يصنع: 4 أكواب (948 مل)

مكونات:
- 4 آذان ذرة ، مقشر ومنظف
- عصير 1 ليمونة متوسطة
- 1 ملعقة صغيرة ملح البحر الخشن
- 1 ملعقة صغيرة ملح أسود
- 1 ملعقة صغيرة شات ماسالا
- 1 ملعقة صغيرة من مسحوق الفلفل الأحمر أو الفلفل الحار

تعليمات:
a) تحمص الذرة حتى تتفحم قليلاً.

b) قم بإزالة الحبوب من الذرة.

c) ضعي حبات الذرة في وعاء واخلطيها مع جميع المكونات الأخرى. قدميها على الفور.

19. سلطة جزر مقرمشة

صنع: 5 أكواب (1.19 لتر)

مكونات:

- نصف كوب (96 جم) عدس أخضر مقشر ومقطوع
- 5 أكواب (550 جم) جزر مقشر ومبشور
- 1 ديكون متوسط مقشر ومبشور
- نصف كوب (40 جم) فول سوداني نيء محمص جاف
- ربع كوب (4 جم) كزبرة طازجة مفرومة
- عصير 1 ليمونة متوسطة
- 2 ملاعق صغيرة ملح البحر الخشن
- ملعقة صغيرة من مسحوق الفلفل الأحمر أو الفلفل الحار
- 1 ملعقة طعام زيت
- 1 ملعقة صغيرة من بذور الخردل الأسود
- 7-6 أوراق كاري ، مفرومة تقريبًا
- 2-1 فلفل تايلاندي أخضر أو سيرانو أو حريف مقطع

تعليمات:

a) ينقع العدس في ماء مغلي لمدة 20 إلى 25 دقيقة ، حتى ينضج. بالُوعَة.

b) ضع الجزر والديكون في وعاء عميق.

c) أضيفي العدس والفول السوداني والكزبرة وعصير الليمون والملح ومسحوق الفلفل الأحمر.

d) في مقلاة ضحلة ثقيلة ، سخني الزيت على نار متوسطة عالية.

e) أضف بذور الخردل. قم بتغطية المقلاة (حتى لا تخرج وتحرقك) واطبخها حتى تنفجر البذور ، حوالي 30 ثانية.

f) أضيفي أوراق الكاري والفلفل الأخضر بعناية.

g) يُسكب هذا المزيج فوق السلطة ويُمزج جيداً. قدميها على الفور أو ضعيها في الثلاجة قبل التقديم.

20. شات الرمان

يصنع: 3 أكواب

مكونات:
- ● 2 حبة رمان كبيرة منزوعة البذور (3 أكواب [522 جم])
- ● 1 - ملعقة صغيرة ملح أسود

تعليمات:
a) اخلطي البذور بالملح الأسود.
b) استمتع به على الفور ، أو ضعه في الثلاجة لمدة تصل إلى أسبوع.

21. سلطة فواكه ماسالا

يصنع: 9-10 أكواب

مكونات:

- 1 شمام متوسط النضج ، مقشر ومقطع إلى مكعبات (7 أكواب [1.09 كجم])
- 3 حبات موز متوسطة الحجم مقشرة ومقطعة إلى شرائح
- 1 كوب (100 جم) عنب خالي من البذور
- 2 حبة إجاص متوسطة ، منزوعة البذور ومقطعة إلى مكعبات
- حبتان صغيرتان من التفاح منزوع البذور ومقطع إلى مكعبات (1 كوب [300 جم)
- عصير 1 ليمونة أو ليمون حامض
- ملعقة صغيرة ملح بحر خشن
- ½ ملعقة صغيرة شات ماسالا
- نصف ملعقة صغيرة ملح أسود
- ملعقة صغيرة من مسحوق الفلفل الأحمر أو الفلفل الحار

تعليمات:

a) في وعاء كبير ، اخلطي جميع المكونات برفق.
b) قدميها على الفور بالطريقة التقليدية للطعام في أوعية صغيرة مع المسواك.

22. سلطة برتقال

يصنع: 3½ أكواب (830 مل)

مكونات:
- 3 حبات برتقال متوسطة الحجم مقشرة ومنزوعة البذور ومقطعة إلى مكعبات (3 أكواب [450 جم])
- 1 بصلة صغيرة صفراء أو حمراء ، مقشرة ومفرومة
- 10-12 زيتون كالاماتا أسود ، منزوع النوى ومفروم خشناً
- ربع كوب (4 جم) كزبرة طازجة مفرومة
- عصير 2 ليموني وسط
- ملعقة صغيرة ملح بحر خشن
- نصف ملعقة صغيرة ملح أسود
- نصف ملعقة صغيرة جارام ماسالا
- نصف ملعقة صغيرة فلفل أسود مطحون
- ملعقة صغيرة من مسحوق الفلفل الأحمر أو الفلفل الحار

تعليمات:
a) اخلطي جميع المكونات معًا برفق. برد لمدة 30 دقيقة على الأقل قبل التقديم.

23. سلطة حديقة على جانب الشواء

يجعل: 6 حصص

مكونات:

- 2 طماطم معتدلة ، منزوعة البذور ومقطعة إلى مكعبات
- 1 كوسة متوسطة الحجم ، مقطعة إلى مكعبات
- 1 كوب ذرة كاملة مجمدة مذابة
- حبة أفوكادو صغيرة ناضجة ، مقشرة ، منزوعة البذور ومقطعة إلى مكعبات خشنة
- كوب بصل أخضر مقطع رقيقًا بطبقة علوية
- ربع كوب صلصة بيس بيكانتي
- 2 ملاعق طعام زيت نباتي
- 2 ملاعق كبيرة كزبرة أو بقدونس مكعبات
- 1 ملعقة كبيرة عصير ليمون أو ليمون حامض
- نصف ملعقة صغيرة ملح ثوم
- نصف ملعقة صغيرة كمون مطحون

تعليمات:

a) اخلطي الطماطم والكوسا والذرة والأفوكادو والبصل الأخضر في طبق كبير.
b) امزج المكونات المتبقية اخلط جيدا. يُسكب فوق خليط الخضار. تخلط بلطف. برد لمدة 3-4 ساعات ، مع التحريك برفق من حين لآخر.
c) يقلب برفق ويقدم مبردًا أو في درجة حرارة الغرفة مع صلصة بيس بيكانت الإضافية.

24. الهليون والطماطم المشوية

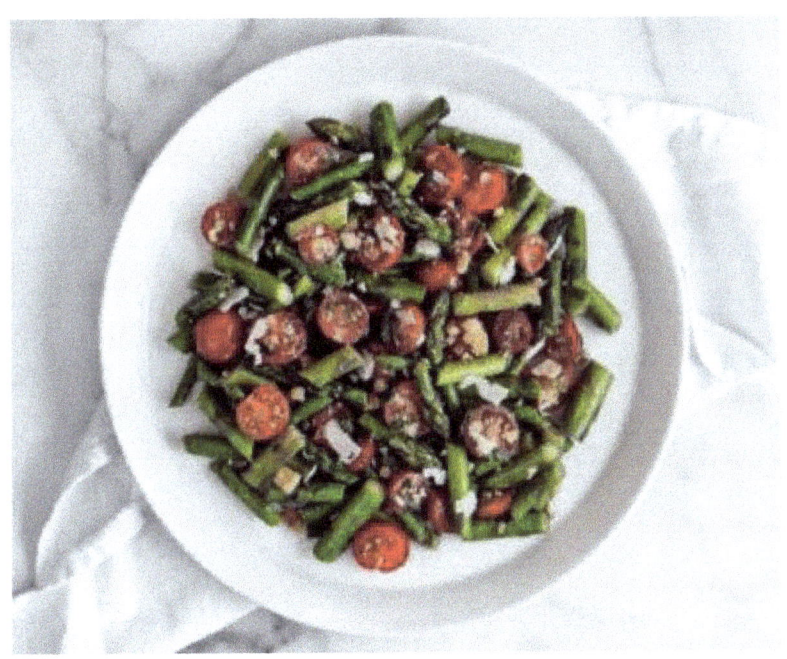

يصنع: 1 جزء

مكونات:

- 12 أونصة من الهليون ، مقلّم
- 6 حبات طماطم ناضجة ، مقطعة إلى أنصاف
- 3 ملاعق كبيرة زيت زيتون
- ملح وفلفل
- 1 فص ثوم مفروم
- 1 ملعقة كبيرة خردل
- 3 ملاعق كبيرة خل بلسمي
- نصف كوب زيت زيتون
- ملح وفلفل

تعليمات:

a) تسخين مقلاة الشواء على حرارة معتدلة إلى عالية. في طبق كبير نخلط الهليون مع زيت الزيتون والملح والفلفل. تُدهن الطماطم بما تبقى من زيت الزيتون في الطبق.
b) اشوي الهليون والطماطم ، بشكل منفصل حتى يصبح طريًا ولكن دون أن يتفتت.
c) في طبق ، اخلطي الثوم والخردل والخل البلسمي وزيت الزيتون بمضرب كهربائي أو مضرب يدوي. الموسم الى الذوق مع الملح والفلفل
d) قدمي الخضار المشوية مع صلصة الخل.

25. سلطة الكاريي المشوية بالفلفل الحار

يجعل: 2 جزء

مكونات:
- نصف كوب خردل ديجون
- نصف كوب عسل
- 1½ ملعقة كبيرة سكر
- 1 ملعقة طعام زيت سمسم
- 1½ ملعقة كبيرة خل التفاح
- 1½ ملعقة صغيرة عصير ليمون
- 2 طماطم معتدلة ، مقطعة إلى مكعبات
- ربع كوب بصل اسباني مفروم
- 2 ملاعق صغيرة فلفل هلابينو
- 2 ملاعق صغيرة كزبرة مفرومة ناعماً
- رشة ملح
- 4 أنصاف صدور دجاج مخلية من العظم والجلد
- نصف كوب من محلول الترياكي
- 4 أكواب خس آيسبرغ ، مقطع إلى مكعبات
- 4 أكواب خس أخضر مقطع إلى مكعبات
- 1 كوب كرنب أحمر مقطع إلى مكعبات
- 1 يمكن قطع الأناناس في العصير
- 10 رقائق تورتيلا

تعليمات:

a) اصنع الصلصة عن طريق خلط جميع المكونات في طبق صغير بالخلاط الكهربائي. يغطى ويبرد.

b) اصنع بيكو دي جالو من خلال الجمع بين جميع المكونات في طبق صغير. يغطى ويبرد.

c) انقع الدجاج في الترياكي لمدة ساعتين على الأقل. ضع الدجاج في الكيس واسكب المحلول الملحي ثم اخلطه في الثلاجة.

d) جهز الشواية أو قم بتسخين الشواية على سطح الموقد. اشوي الدجاج لمدة 4 إلى 5 دقائق لكل جانب أو حتى ينضج.

e) اخلطي الخس والكرنب ثم قسمي الخضار إلى طبقتين كبيرتين من السلطة الفردية.

f) قسّم بيكو دي جالو واسكبه إلى جزأين متساويين فوق الخضر.

g) قسّم الأناناس ورشّه على السلطة.

h) قسّم رقائق التورتيلا إلى قطع كبيرة ورش نصفها على كل سلطة.

i) قطعي صدور الدجاج المشوية إلى شرائح رفيعة ووزعي نصفها على كل سلطة.

j) اسكبي الصلصة في طبقين صغيرين وقدميها مع السلطات.

26. سلطة الجرجير والخضار المشوي

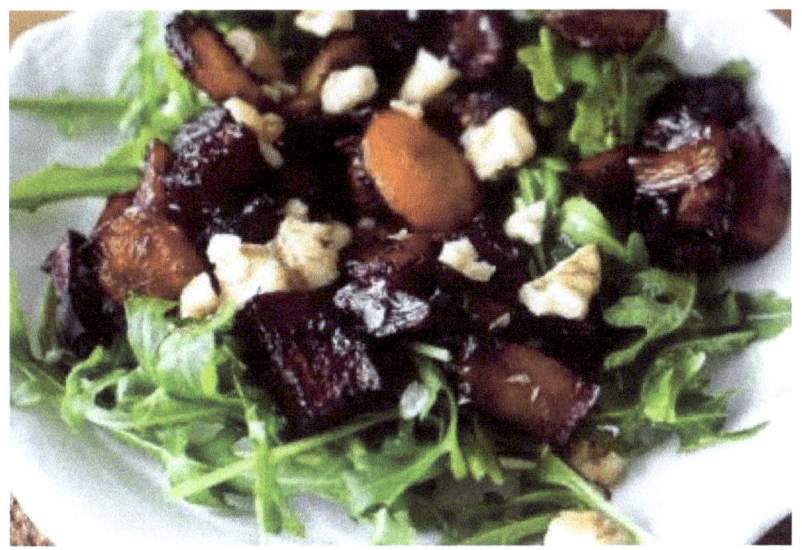

يجعل: 8 جزء

مكونات:

- 1½ كوب زيت زيتون
- نصف كوب عصير ليمون
- نصف كوب خل بلسمي
- نصف كوب أعشاب طازجة
- 4 شرطات من صلصة تاباسكو
- الملح والفلفل حسب الذوق
- 2 فلفل أحمر نصف
- 3 طماطم برقوق نصف
- 2 معتدل بصل أحمر
- 1 باذنجان صغير مقسمة بسمك 2/1 بوصة
- 10 فطر زر
- 10 حبات بطاطس حمراء صغيرة مطبوخ
- نصف كوب زيت زيتون
- الملح والفلفل حسب الذوق
- 3 حزم جرجير مغسول ومجفف
- 1 رطل جبن موزاريلا رقيقة مجزأة
- 1 كوب زيتون أسود حرض

تعليمات:

a) في طبق معتدل ، اخلطي زيت الزيتون وعصير الليمون والخل والأعشاب وصلصة تاباسكو والملح والفلفل. ثم اخفقي جيدًا. اجلس جانبا.

b) ضعي الفلفل والطماطم والبصل والباذنجان والفطر والبطاطس في طبق كبير جدًا. نضيف زيت الزيتون والملح والفلفل. ثم تخلط جيدا لتغطى الخضار بالزيت. اشوي الخضار على نار معتدلة الحرارة حتى يصبح لونها بنياً جيداً ، لمدة 4 إلى 6 دقائق على كل جانب. أخرجيها من الشواية وبمجرد أن تبرد بما يكفي للتعامل معها ، مقطعة إلى قطع صغيرة الحجم.

c) اصنع سريرًا من الجرجير على طبق ضحل كبير. رتبي الخضار المشوية فوق الجرجير ، وزعيها الموتزاريلا والزيتون وقدميها مع الصلصة بجانبها.

27. لحم ضأن مشوي وسلطة فول ليما

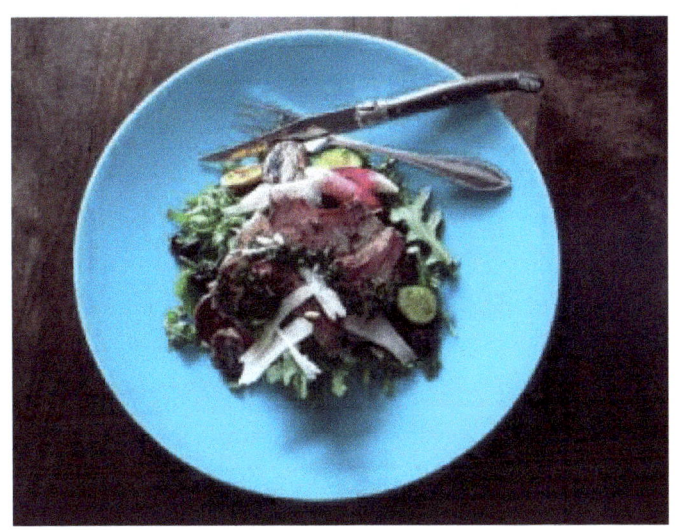

يجعل: 4 أجزاء

مكونات:

- 2 فلفل أحمر
- نصف كوب زيت زيتون
- نصف كوب خل بلسمي
- 1 ملعقة كبيرة ثوم مفروم
- ربع كوب ريحان ناعما مكعبات
- الملح والفلفل حسب الذوق
- 1 كوب فاصوليا ليما قصفت
- 1 باوند من لحم الضأن 2/1 "مكعبات
- 1 حفنة جرجير مغسول ومجفف
- 1 طماطم كبيرة مكعبات

تعليمات:

a) اشوي الفلفل على النار ، ولفه ليطهى بالتساوي ، حتى يصبح الجلد داكنًا جدًا ومتقرحًا. أخرجيها من الشواية ، وضعيها في كيس ورقي بني ، واربطي الكيس ، واتركي الفلفل ليبرد في الكيس لمدة 20 دقيقة. أخرجي الكيس من الكيس وقشري القشر وأخرجي البذور والسيقان.

b) ضع الفلفل في محضر الطعام أو الخلاط ، ومع استمرار تشغيل المحرك ، أضف زيت الزيتون بتدفق ثابت. يُضاف الخل البلسمي والثوم والريحان ، ثم يُخفق المزيج جيدًا.

c) يتبل بالملح والفلفل ثم يترك جانبا.

d) في قدر متوسط الحجم ، يُغلى كوبان من الماء المملح. أضيفي الفاصولياء ، واطهيها حتى تنضج ولكن ليست طرية ، من 12 إلى 15 دقيقة. يُصفّى ويُغطس في الماء البارد لإيقاف الطهي ، ويُصفّى مرة أخرى ويوضع في طبق كبير.

e) في هذه الأثناء ، يُتبّل اللحم بالملح والفلفل حسب الرغبة ، ويُسكب في أسياخ ويُشوى على النار لمدة 3 إلى 4 دقائق على كل جانب.

f) يُرفع عن النار ويُنزلق من على الأسياخ.

g) أضيفي لحم الضأن والجرجير والطماطم إلى الطبق الذي يحتوي على حبوب ليما. يقلب المزيج جيدًا ويضيف ما يكفي لترطيب المكونات وتخلط جيدًا وتقدم.

28. سلطة الأفوكادو والأرز

يجعل: 4 أجزاء

مكونات:

- 1 كوب أرز ويهاني
- 3 طماطم برقوق ناضجة. البذور والمكعبات
- كوب بصل أحمر مقطع إلى مكعبات
- 1 فلفل جالابينو صغير البذور والمكعبات
- كوب كزبرة مفرومة ناعماً
- نصف كوب زيت زيتون بكر ممتاز
- 1 ملعقة كبيرة عصير ليمون
- نصف ملعقة صغيرة من بذور الكرفس
- ملح وفلفل؛ ليتذوق
- 1 حبة أفوكادو ناضجة
- خضروات مشكلة

تعليمات:

a) اطبخ أرز ويهاني حسب التعليمات: على العبوة

b) يوزع على صينية خبز ليبرد.

c) في طبق كبير ، اخلطي الأرز مع الطماطم والبصل الأحمر وفلفل الهالبينو والكزبرة. أضف زيت الزيتون البكر الممتاز وعصير الليمون وبذور الكرفس. يتبل بالملح والفلفل

d) للتقديم ، يقشر الأفوكادو ويقطع. رتبي الشرائح فوق خضار صغيرة مختلطة.

e) ضعي سلطة أرز ويهاني بالملعقة فوق الأفوكادو. تُزين بالخضروات المشوية ، إذا رغبت في ذلك.

29. أرز بني وخضار مشوي

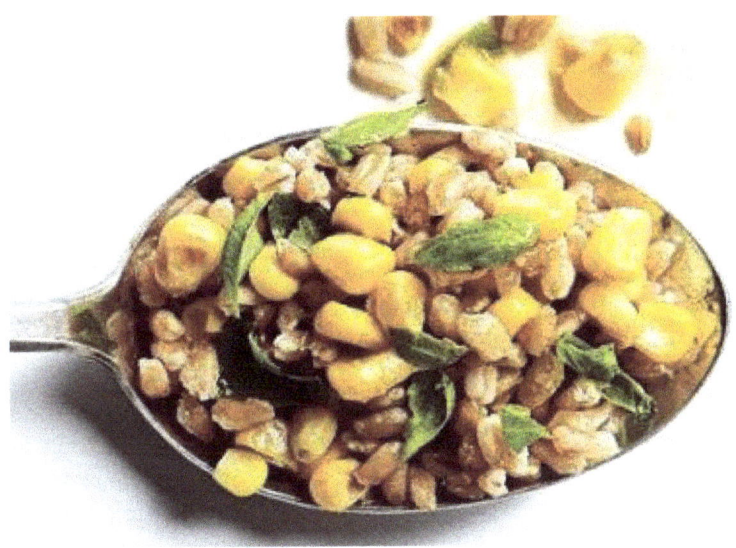

يجعل: 6 حصص
مكونات:

- 1½ كوب أرز بني
- 4 حبات من الكوسا ، مقطعة نصفين بالطول
- 1 بصلة حمراء كبيرة مقطعة بالعرض إلى 3 شرائح سميكة
- ¼ كوب زيت زيتون زائد ...
- نصف كوب زيت زيتون
- 5 ملاعق كبيرة صلصة الصويا
- 3 ملاعق كبيرة صلصة رسيستيرشاير
- 1½ كوب من رقائق خشب المسكيت المنقوعة في الماء البارد لمدة ساعة
- 2 كوب نواة ذرة طازجة
- نصف كوب عصير برتقال طازج
- 1 ملعقة كبيرة عصير ليمون طازج
- ربع كوب بقدونس ايطالي مكعبات

تعليمات:

a) يُطهى الأرز في قدر كبير من الماء المغلي المملح حتى ينضج ، حوالي 30 دقيقة

b) استنزاف جيدا. السماح لتبرد إلى درجة حرارة الغرفة.

c) اخلطي نصف كوب زيت مع ملعقتين كبيرتين من صلصة الصويا وملعقتين كبيرتين من صلصة ورشسترشاير ؛ نسكب شرائح الكوسة والبصل في طبق ضحل. اتركيه ينقع لمدة 30 دقيقة ، مع تدوير الخضار مرة واحدة خلال هذا الوقت.

d) شواء جاهز (حرارة معتدلة إلى عالية). عندما يتحول لون الفحم إلى اللون الأبيض ، قم بتصفية رقائق المسكيت (في حالة الاستخدام) وانثرها على الفحم. عندما تبدأ الرقائق بالتدخين ، ضعي البصل والكوسا على الشواية ، متبلًا بالملح والفلفل

e) يُغطّى ويُطهى حتى يصبح طريًا وبنيًا (حوالي 8 دقائق) ، مع تدويره من حين لآخر ، ويُغسل بالفرشاة بالمحلول الملحي. اخرج الخضار من الشواية.

f) قطع البصل إلى أرباع والكوسة إلى قطع 1 بوصة. ضعيها في طبق بورتيون مع أرز مبرد وذرة.

g) اخفقي عصير البرتقال وعصير الليمون ونصف كوب زيت و 3 ملاعق كبيرة من صلصة الصويا وملعقة كبيرة من صلصة ورسيستيرشاير. يُسكب كوب من الصلصة فوق السلطة ويُمزج المزيج. يُضاف البقدونس ويُتبل بالملح والفلفل.

h) قدمي السلطة مع صلصة إضافية على الجانب.

30. سلطة التفاح والمانجو مع الدجاج المشوي

يجعل: 4 أجزاء

مكونات:

- 2 ملاعق طعام من خل نبيذ الأرز
- 1 ملعقة كبيرة الثوم المعمر الطازج. مكعبات
- 1 ملعقة صغيرة زنجبيل طازج مبشور
- نصف ملعقة صغيرة ملح
- نصف ملعقة صغيرة فلفل مطحون طازج
- 1 ملعقة كبيرة زيت عباد الشمس
- نصف ملعقة صغيرة ملح
- نصف ملعقة صغيرة فلفل مطحون طازج
- نصف ملعقة صغيرة كمون
- رشة فلفل أحمر مطحون
- 4 مخلية أنصاف صدور دجاج منزوعة الجلد
- رذاذ طبخ الخضار
- 8 أكواب سلطة خضراء مشكلة
- 1 مانجو كبير مقشرة ومقطعة
- 2 تفاح ذهبي لذيذ ؛ مقشر ، محفور ، مقسم إلى شرائح رفيعة
- نصف كوب بذور عباد الشمس
- خبز السمسم (خياري)

تعليمات:

a) اصنع خل الزنجبيل: اخلطي الخل والثوم المعمر والزنجبيل والملح والفلفل في طبق صغير. خفقت تدريجيا في الزيت. يجعل كوب.

b) اخلطي الملح والفلفل والكمون والفلفل الأحمر في كوب. رشيها على جانبي الدجاج. قم بتغطية مقلاة شواء ثقيلة أو صينية من الحديد الزهر ببخاخ طبخ نباتي

c) يسخن من دقيقة إلى دقيقتين على نار معتدلة إلى عالية

d) يُطهى الدجاج من 5 إلى 6 دقائق لكل جانب ، حتى ينضج تمامًا.

e) اخلطي الخضار والمانجو والتفاح مع 3 ملاعق كبيرة من الصلصة. رتب السلطة في 4 أطباق عشاء فردية.

f) يُقطع الدجاج ويُقسم بالتساوي على الخضر ؛ رشي الملعقة الكبيرة المتبقية من الصلصة فوق الدجاج. رشي ملعقة كبيرة من بذور عباد الشمس فوق كل سلطة.

g) تقدم مع خبز السمسم ، إذا رغبت في ذلك.

31. سلطة الدجاج والحمص المشوي

يجعل: 4 أجزاء

مكونات:

- 2 ملاعق كبيرة ثوم مفروم
- 2 ملاعق كبيرة من الزنجبيل الطازج. مقشر ومبشور
- 1 ملعقة صغيرة كمون مطحون
- نصف ملعقة صغيرة ملح
- ملعقة صغيرة فلفل أحمر مطحون
- 4 أنصاف صدور دجاج منزوعة الجلد والعظام
- 2 علبة (15 أونصة) من الحمص ؛ يتم شطفه وتجفيفه
- نصف كوب زبادي سادة
- نصف كوب كريمة حامضة
- 1 ملعقة طعام مسحوق كاري
- 1 ملعقة كبيرة عصير ليمون
- نصف ملعقة صغيرة ملح
- 1 فلفل أحمر مكعبات
- كوب بصل أرجواني ؛ مكعبات
- 2 فلفل هلابينو البذور والمفرومة
- 2 ملاعق كبيرة كزبرة طازجة. مكعبات
- 2 ملاعق كبيرة النعناع الطازج. مكعبات
- 3 أكواب سبانخ طازجة ممزق
- 3 أكواب من الخس الأحمر ؛ ممزق
- 2 ملاعق كبيرة عصير ليمون
- 1 ملعقة طعام زيت كاري ساخن

تعليمات:

a) امزج المكونات الخمسة الأولى ؛ يرش على جميع جوانب صدور الدجاج.

b) غطي المزيج واتركيه يبرد لمدة ساعة

c) يقلب الحمص مع المكونات العشرة التالية ويغطى ويبرد. دجاج مشوي ، مغطى بغطاء شواء ، على نار متوسطة عالية (350 درجة إلى 400 درجة) لمدة 5 دقائق على كل جانب. مقطعة إلى شرائح بسمك ½ بوصة. ابق دافئ. اخلطي السبانخ والخس في طبق كبير.

d) اخفقي عصير الليمون وزيت الكاري معًا. يرش على الخضر ويخلط بلطف. رتب بالتساوي على 4 لوحات حصص ؛ فوقها بالتساوي سلطة الحمص وصدر دجاج مقطع. يجعل: 4 أجزاء.

مقاسات نباتية

32. توفو مقرمش مع صلصة سيزلينج كابر

يصنع 4 حصص

- 1 رطل من التوفو شديد الصلابة ، مُصفى ، ومقطّع إلى شرائح بحجم 1/4 بوصة ، ومضغوط
- ملح وفلفل أسود مطحون طازجًا
- 2 ملاعق كبيرة زيت زيتون ، بالإضافة إلى المزيد إذا لزم الأمر
- 1 حبة متوسطة الحجم مفرومة
- 2 ملاعق كبيرة قبر
- 3 ملاعق كبيرة بقدونس طازج مفروم
- 2 ملاعق كبيرة من السمن النباتي
- عصير 1 ليمونة

تعليمات:

a) سخني الفرن إلى 275 درجة فهرنهايت. ربّت على التوفو لتجفيفه وتبليه بالملح والفلفل حسب الرغبة. ضع نشا الذرة في وعاء مسطح. نشف التوفو في نشا الذرة ، وقم بتغطية جميع الجوانب.

b) في مقلاة كبيرة ، سخني ملعقتين كبيرتين من الزيت على نار متوسطة. يُضاف التوفو على دفعات إذا لزم الأمر ، ويُطهى حتى يصبح لونه بنياً ذهبياً من كلا الجانبين ، لمدة 4 دقائق لكل جانب. انقل التوفو المقلي إلى طبق عازل للحرارة واحتفظ به دافئًا في الفرن.

c) في نفس المقلاة ، سخني ملعقة الزيت المتبقية على نار متوسطة. يضاف الكراث ويطهى حتى يلين لمدة 3 دقائق.

d) يُضاف الكبر والبقدونس ويُطهى لمدة 30 ثانية ، ثم يُضاف المارجرين وعصير الليمون والملح والفلفل حسب الرغبة مع التحريك حتى تذوب ودمج المارجرين.

e) ضعي صلصة الكبر على التوفو وقدميها على الفور.

33. <u>تمبه مشوي</u>

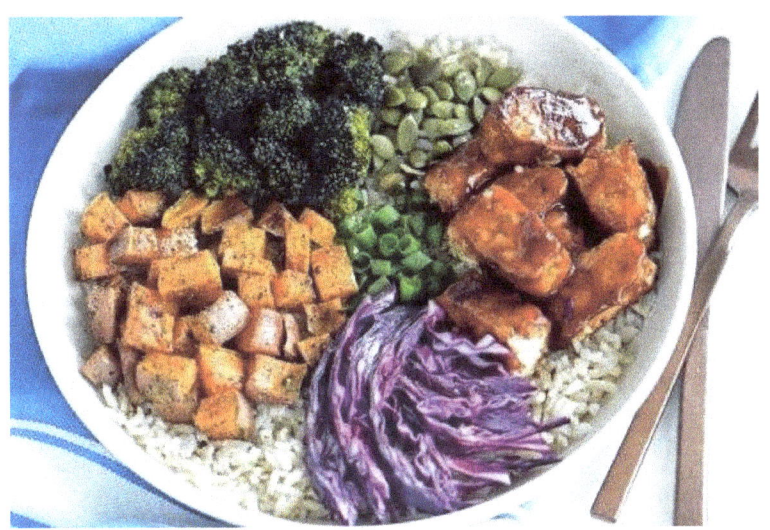

يصنع: 4 حصص

مكونات:
● 2 ملعقة كبيرة صلصة الصويا
● 1 رطل تمبيه ، مقطعة إلى قضبان 2 بوصة
● 2 ملاعق كبيرة زيت زيتون
● 1 بصلة متوسطة مفرومة
● 1 فلفل أحمر متوسط ، مفروم
● 2 فص ثوم مفروم
● علبة 14.5 أونصة من الطماطم
● 2 ملاعق كبيرة من دبس السكر الداكن
● 1 ملعقة كبيرة سكر
● 1/2 ملعقة صغيرة ملح
● 1/4 ملعقة صغيرة بهارات مطحونة
● 1/4 ملعقة صغيرة حريف مطحون
● 2 ملاعق كبيرة خل التفاح
● 2 ملعقة صغيرة خردل بني حار

تعليمات:
a) في قدر من الماء المغلي ، اطهي التمر لمدة 30 دقيقة.
b) يُحمى الزيت في قدر كبيرة على نار متوسطة ويُطهى البصل والفلفل الحلو والثوم لمدة 4 دقائق أو حتى ينضج.
c) يُغلى المزيج مع الطماطم ، والدبس ، والخل ، وصلصة الصويا ، والخردل ، والسكر ، والملح ، والبهارات ، والفلفل الحار.
d) ينضج لمدة 20 دقيقة.
e) تُسخن الملعقة الكبيرة المتبقية من الزيت وتُطهى التمر لمدة 10 دقائق أو حتى يصبح لون التمره بنياً ذهبياً.
f) أضف ما يكفي من الصلصة لتغطي التمره تمامًا.
g) غطي المزيج واطهيه لمدة 15 دقيقة لخلط النكهات. تخدم على الفور.

34. التوفو المشوي مع التمر الهندي

يصنع 4 حصص

مكونات:

- 2 كراث ، مفروم
- رشة ملح
- 2 ملاعق كبيرة زيت زيتون
- 1 رطل من التوفو شديد الصلابة
- 2 فص ثوم مفروم
- 2 حبة طماطم ناضجة مفرومة خشن
- 2 ملاعق كبيرة كاتشب
- 1/4 كوب ماء
- 2 ملاعق كبيرة خردل ديجون
- 1 ملعقة كبيرة سكر بني
- 2 ملاعق كبيرة تمر هندي مركز
- 1 ملعقة كبيرة دبس أسود
- 1/2 ملعقة صغيرة حريف مطحون
- 1 ملعقة كبيرة بابريكا مدخنة
- 2 ملاعق كبيرة نكتار الصبار
- 1 ملعقة كبيرة صلصة الصويا
- رشة فلفل أسود مطحون

تعليمات:

a) قطعي التوفو إلى شرائح بحجم بوصة واحدة ، وتبليها بالملح والفلفل حسب الرغبة ، وضعيها في مقلاة ضحلة.

b) سخني الزيت في قدر كبيرة على نار متوسطة. يُقلى مع الكراث والثوم لمدة دقيقتين.

c) اخلطي المكونات المتبقية (باستثناء التوفو) ثم اطهيها على نار خفيفة لمدة 15 دقيقة. تُرفع عن النار وتُهرس حتى تصبح ناعمة تمامًا.

d) يُعاد إلى القدر ويُترك على نار خفيفة لمدة 15 دقيقة إضافية.

e) سخن الشواية أو شواية الفرن.

f) اشوي التوفو المتبل مع تدويره مرة واحدة.

g) أخرجي التوفو من الشواية وغطي كلا الجانبين بصلصة التمر الهندي قبل التقديم.

35. <u>عصير برتقال توفو متبل في أسياخ</u>

يجعل: 4 حصص

مكونات
● 1 رطل من التوفو الصلب ، مقطّع إلى نصفين ومصفى
● 16 فطر شيتاكي
● 1 فجل ديكون كبير
● 1 كل ملف هيد بوك تشوي
نقي
● نصف كوب صلصة صويا
● نصف كوب عصير برتقال
● 2 ملاعق كبيرة خل أرز
● 2 ملاعق كبيرة زيت الفول السوداني
● 1 ملعقة كبيرة زيت سمسم غامق
● 2 ملاعق كبيرة من الزنجبيل الطازج المفروم
● ¼ ملعقة صغيرة فلفل حار مفروم

مكونات:
a) خفق كل مكونات محلول ملحي.
b) انقع الفطر وسيقان الديكون والبوك تشوي.
c) اطوِ جوانب كل ورقة للداخل تجاه المنتصف ولفها لأعلى من الأعلى.
d) بدلًا من ذلك ، قم بوضع أوراق الشجر والفطر والتوفو والداكون والبوك تشوي على أسياخ خشبية.
e) اشوي الأسياخ لمدة 12 إلى 15 دقيقة على شواية مغلقة ، مع الدوران في منتصف الطريق لضمان طهي متساوٍ.

36. كافيه توفو مشوي

يجعل: 4 حصص

مكونات
● 1 رطل من التوفو
● نصف كوب تماري
● 1 ملعقة صغيرة زنجبيل طازج. مفروم
● اندفاعة الفلفل ، حريف
● نصف كوب ميرين

تعليمات:
a) يُمزج الميرين والتاماري والزنجبيل والفلفل الحار.
b) انقع التوفو في الخليط لمدة ساعة على الأقل أو طوال الليل.
c) اشوي التوفو فوق الفحم الساخن حتى يصبح لونه بني فاتح.

37. توفو الصويا المشوي

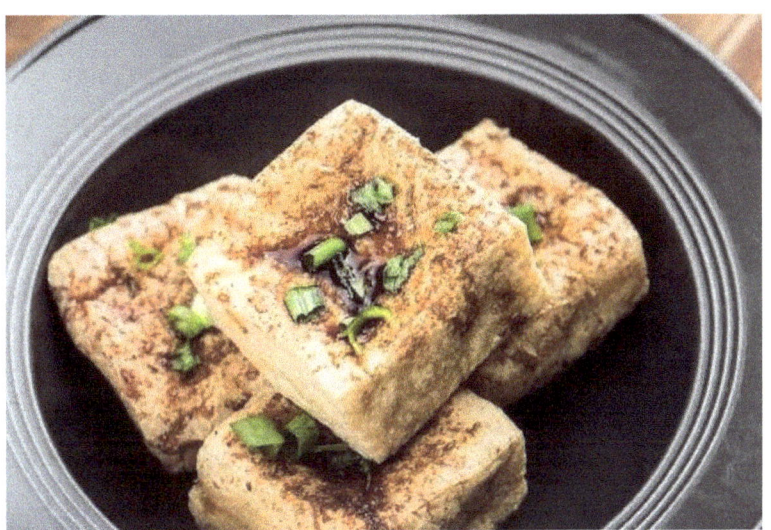

يجعل: 4 حصص

مكونات
- 1 رطل من التوفو المقطّع إلى شرائح
- 2 ملاعق كبيرة صلصة الصويا
- 1 ملعقة كبيرة سكر بني معبأ
- 1 ملعقة كبيرة كاتشب
- 1 ملعقة طعام فجل
- 1 ملعقة كبيرة خل عصير التفاح
- 1 فص ثوم مفروم

تعليمات:
a) يُمزج صلصة الصويا والسكر البني والكاتشب والفجل والخل والثوم في وعاء الخلط ؛ يُسكب فوق التوفو ويُقلب حتى يتغطى بالتساوي.

b) برد لمدة ساعة على الأقل أو ما يصل إلى 24 ساعة ، مع التقليب مرة أو مرتين.

c) أعد تتبيلة الحصص وضع التوفو على الشواية المدهونة.

d) يُشوى لمدة 3 دقائق لكل جانب أو حتى يتحول إلى اللون البني على نار معتدلة ، مع دهن التتبيلة.

38. توفو مشوي مع نريميسو

يجعل: 12 حصة

مكونات
● 3 ملاعق كبيرة داشي
● ربع كوب أبيض ميسو
● 1 ملعقة كبيرة سكر
● 1 ملعقة طعام ميرين
● 1 صفار بيض
● 3 كعكات التوفو
● 12 غصن كينوم
● 3 ملاعق كبيرة سمسم محمص

تعليمات:
a) اغلي الداشي والميسو والسكر والميرين على نار خفيفة لمدة 20 دقيقة.
b) اتركيها تبرد إلى حد ما قبل إضافة صفار البيض. تخلط بقوة حتى تتشكل عجينة ناعمة.
c) نطحن بذور السمسم ونخلطها مع نصف خليط من النيرميسو ، مع ترك الصلصة الأخرى سادة.
d) قطع كل كعكة التوفو إلى أربعة مستطيلات. انشر النيرميسو على جانب واحد من قطع التوفو ، ثم استخدم الصلصة البسيطة على نصفها والصلصة بنكهة السمسم في النصف الآخر.
e) تُشوى حتى تصبح بنية اللون ومقرمشة على الجانبين فوق الفحم.

39. أسياخ التوفو والخضار

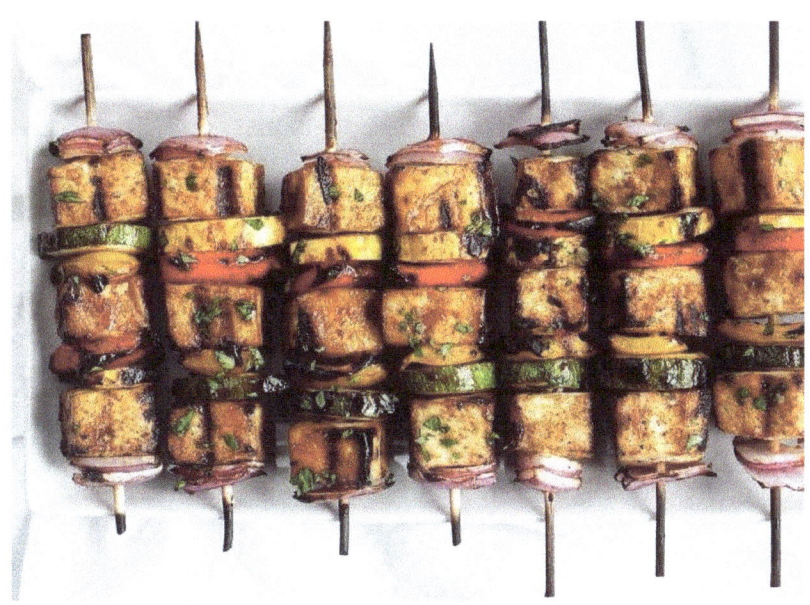

يجعل: 1 حصة

مكونات
● 4 بصل أخضر
● 1 كتلة صلبة من التوفو ، مقطعة 4/3 بوصة
مزيج نقي
● 2 ملعقة صغيرة ثوم
● 2 ملاعق كبيرة زنجبيل طازج
● 3 ملاعق كبيرة زيتون أو زيت كانولا
● نصف كوب صلصة صويا
● 2 ملاعق كبيرة سكر بني
● 2 ملعقة صغيرة زيت سمسم محمص
● نصف ملعقة صغيرة من رقائق تشيلي الحمراء
● نصف كيلو كريميني أو فطر شيتاكي
● 1 فلفل أحمر
● 1 بصل أحمر أو أصفر

تعليمات:
a) لتحضير المحلول الملحي ، يُخفق البصل الأخضر والثوم والزنجبيل في معالج الطعام أو الخلاط حتى يفرم جيدًا.
b) يُقلب مزيج البصل الأخضر في القليل من الزيت لمدة دقيقة أو دقيقتين ، مع التقليب في صلصة الصويا والسكر.
c) يُرفع عن النار ، ويُترك ليبرد قليلاً قبل إضافة زيت السمسم ورقائق الفلفل الأحمر.
d) خففي الحرارة وصبي فوق مكعبات التوفو واتركيها منقوعة لمدة ساعة على الأقل وحتى 4 ساعات.
e) سيخ متبل بالتوفو والفطر والفلفل والبصل.
f) ادهني الخضار بالمحلول الملحي المتبقي واشويها حتى تنضج وتنضج.

40. أسياخ التوفو الهندي المتبل

يجعل: 1 حصة

مكونات

- 3 عبوات من التوفو ، مقطعة إلى مربعات
- عصير 2 ليمون
- ملح وفلفل
- 1 بصلة حمراء
- 2 ملاعق كبيرة كزبرة مفرومة
- 1 خيار صغير مقشر
- 4 خبز بيتا مشوي قليلاً
- 1 حوض زبادي طبيعي
- زيت الفول السوداني للقلي
- 1 ملعقة كبيرة بذور كمون
- 1 ملعقة كبيرة بابريكا
- 2 فلفل أحمر حار
- قطعة صغيرة من الزنجبيل
- 3 ملاعق كبيرة زبادي
- 2 ملاعق كبيرة كركم
- 1 ملعقة كبيرة جارام ماسالا
- 1 ملعقة كبيرة بذور كزبرة

تعليمات:

a) تُطحن كل التوابل معًا في مطحنة القهوة ثم يُضاف الزبادي والملح وعصير الليمون.

b) انقع التوفو في خليط التوابل ثم اسياخه باستخدام أسياخ الخيزران.

c) يُقطّع البصل الأحمر والخيار إلى مكعبات ويُمزج مع الكزبرة. اضف الملح والفلفل للمذاق

d) في كمية صغيرة من زيت الفول السوداني ، قم بتحمير أسياخ التوفو من جميع الجوانب.

e) يقدم مع الخبز المشوي واللبن ومزيج البصل الأحمر.

41. فلفل محشي بالتوفو على الشواية

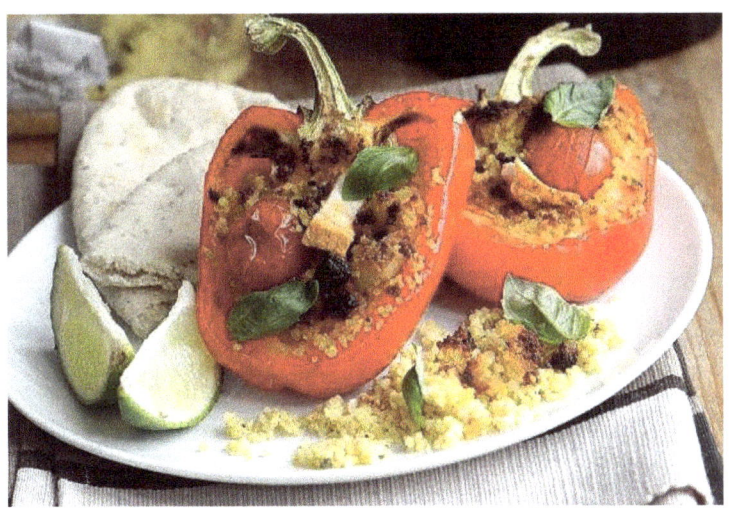

يجعل: 4 حصص

المكونات

- 4 فلفل أخضر كبير
- 1 بصلة كبيرة مكعبات
- 3 فصوص ثوم مفروم
- 12 أوقية من التوفو ؛ انهار
- 2 ملاعق صغيرة زيت زيتون ربما تضاعف ثلاث مرات
- 8 أونصات فطر مقطع
- 4 طماطم روما
- 1 ملعقة صغيرة مردقوش طازج مفروم
- ملعقة صغيرة ملح. أو أكثر حسب الرغبة
- 1 ملعقة كبيرة صلصة الصويا
- 14 أوقية طماطم مطهية
- 1 كوب أرز بني مطبوخ
- نصف كوب ماء
- فلفل أسود مطحون طازجاً
- جبنة بارميزان أو كريمة حامضة للتزيين
- 1 ملعقة صغيرة زعتر طازج

تعليمات:

a) سخني الشواية على حرارة متوسطة إلى عالية.

b) اشوي الفلفل لمدة 5 دقائق ، مع التقليب كل دقيقتين ، حتى يتفحم بلطف ولكن لا ينضج كثيرًا.

c) يحمر البصل والثوم والتوفو في زيت الزيتون على صينية كبيرة على الشواية لمدة 4 إلى 5 دقائق.

d) في مقلاة ، اخلطي الفطر والطماطم والبردقوش والملح والأوريغانو.

e) أضف صلصة الصويا والطماطم والأرز في وعاء الخلط.

f) اسكبي هذا المزيج في كل حبة فلفل واضغطي برفق بملعقة لإفساح مساحة إضافية للحشو.

g) ضعي ربع حبة طماطم روما المتبقية في أعلى كل حبة فلفل.

h) غطي الفلفل في طبق للخبز بخليط الطماطم المتبقي.

i) يغطى بورق الألمنيوم ويضاف الماء والفلفل الأسود.

j) سخني الشواية واطهي الفلفل لمدة 20 إلى 25 دقيقة أو حتى تنضج.

k) تُسكب الكمية المتبقية من الصلصة فوق الفلفل وتُقدّم.

42. سيزلر مع صلصة حارة وحامضة

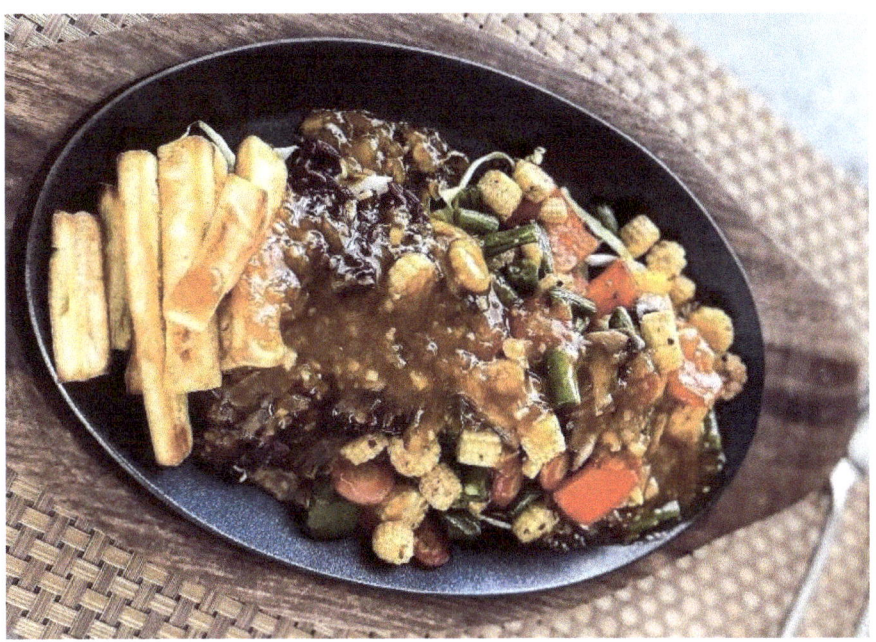

يجعل: 2

مكونات

لتحضير صلصة الحجم

- نصف كوب خل أرز
- 1½ ملعقة كبيرة ميرين
- نصف كوب صلصة صويا خفيفة
- 1½ ملعقة كبيرة نشا ذرة
- 2 ملعقة كبيرة ماء
- 2 ملعقة كبيرة سريراتشا أو سامبال أوليك
- 1½ ملعقة صغيرة سكر بني
- 1½ ملعقة كبيرة زنجبيل مفروم ناعماً
- 4 فصوص ثوم مفروم
- 1½ ملعقة كبيرة بصل أخضر مفروم ناعماً
- 2 ملعقة صغيرة من رقائق الفلفل الكشميري المفروم
- رشة من الفلفل سيتشوان

فرايز البطاطا الحلوة

- 3-2 بطاطا حلوة متوسطة
- 1 - 2 ملعقة كبيرة زيت زيتون أو زيت أفوكادو
- 1 - 2 ملعقة كبيرة دقيق ذرة (حسب الحاجة)
- ½ ملعقة صغيرة ملح بحر ناعم
- صدع جيد من الفلفل الأسود

للمقاس

- 1 كوب أرز أسود أو بني
- 1 - 2 ملعقة كبيرة زيت سمسم
- 2 كوب خضار مقطعة من اختيارك
- التوفو المتماسك أو شديد الصلابة
- أوراق الملفوف (لضبط صفيحة سيزلر)
- زبدة (لتزييت طبق الأزيز)

تعليمات

تحضير صلصة السيزلر

a) اخفقي خل الأرز وصلصة الصويا والميرين والسريراتشا (أو أوليك السامبال) معًا. يضاف دقيق الذرة والماء والسكر ويخفق بقوة حتى يذوب تماما.

b) سخني ملعقة كبيرة من الزيت في مقلاة كبيرة. اقلي البصل المفروم حتى يصبح نصف شفاف. يُضاف الثوم والزنجبيل والفلفل والفلفل الحار ويُقلى حتى تفوح رائحته.

c) وصفة الصلصة الحارة والحامضة

d) يُضاف مزيج الخل ويُقلب ويُطهى حتى تتكاثف الصلصة.

e) تذوق وتعديل حسب التفضيل (يمكنك إضافة المزيد من السكر إذا كنت ترغب في ذلك أكثر حلاوة ؛ اندفاعة المزيد من Sriracha / sambal oelek إذا كنت تفضل ذلك مع التوابل. يمكنك أيضًا إضافة دفقة من الماء إذا كنت بحاجة إلى تخفيف ضعي القليل من الصلصة حتى يصبح قوامها قابلاً للحمل ثم ارفعيها عن النار.

اخبز البطاطس الحلوة المقلية

f) سخني الفرن إلى 180 درجة مئوية. تُبطن صينية خبز كبيرة بورق زبدة ، وتُدهن جيدًا لضمان عدم التصاق البطاطس بالمقلاة.

g) قم بتنظيف وتقشير البطاطا الحلوة ، وقطعها على شكل بطاطس (حوالي "عرض" و "" سميكة). تأكد من أنها بنفس الحجم (بحيث تُخبز بالتساوي).

h) أضيفي البطاطس المقلية إلى وعاء الخلط. رشي بالأفوكادو أو زيت الزيتون ، ودقيق الذرة ، وملح البحر ، وكسر الفلفل الأسود ، وقلبيهم معًا حتى تصبح البطاطس مغمورة بشكل خفيف ومتساوي.

i) رتب البطاطس في طبقة واحدة (لا تفرط في وضعها على صينية الخبز) واخبزها لمدة 20 - 30 دقيقة أو نحو ذلك ، أزل الصينية عند علامة المنتصف وقم بتدويرها قبل وضعها في الفرن مرة أخرى لإنهاء الخبز بالتساوي خلال. أخرجي البطاطس بمجرد أن تصبح مقرمشة ومخبوزة إلى حد الكمال الذهبي. اجلس جانبا.

j) تحضير كل شيء آخر

k) يُطهى الأرز الأسود أو البني حسب التعليمات الموجودة على العبوة.

l) سخني ملعقة كبيرة من زيت السمسم في مقلاة غير لاصقة وأضيفي الخضار ببطء. اقليها حتى تنضج ولكن بقمة صلبة ، قبل تتبيلها بالملح والفلفل حسب الذوق.

m) في حالة إضافة التوفو: سخني ملعقة زيت السمسم المتبقية في مقلاة أخرى. تُغطى التوفو بقليل من دقيق الذرة وتُقلى في المقلاة حتى تصبح متماسكة وذهبية على كلا الجانبين.

قم بتجميعها معًا

n) دهن مقلاة السيزلر بالزبدة وقم بتبطينها بأوراق الكرنب قبل تسخينها على نار منخفضة. أثناء تسخينه ، رتب الأرز والخضار وبطاطا البطاطا الحلوة المخبوزة والتوفو.

o) سخني صلصة سيزلر.

p) بمجرد أن تصبح مقلاة السيزلر ساخنة ، اسكبي فوقها صلصة سيزلر. أطفئ الغاز وأضف المزيد من الزبدة المذابة على جوانب المقلاة للحصول على أزيز إضافي.

q) ارفعي الصينية بحذر شديد وضعيها على صينية خشبية وقدميها على الفور.

r) أفضل وصفة سيزلر

حجم الدواجن

43. دجاج حار مع عسل الصويا

يصنع: 4 حصص

مكونات:
- 200 جرام نودلز صيني
- كوب زيت (120 مل)
- كوب بصل أخضر مبشور ؛ (50 غ)
- كوب ملفوف مبشور. (50 غ)
- كوب فلفل مبروش. (50 غ)
- كوب جزر مبشور. (50 غ)
- 1½ كوب دجاج مسحب. مسلوق ومقطع
- 10 مل صوص صويا
- 25 مل عسل
- ملح للتذوق
- 4 فلفل أخضر حار ناعم المفروم
- 200 غرام نودلز المقلية

تعليمات:

a) لتحضير العش: اغلي وصفي المعكرونة. خذ كوبين (وعاءين) بهما فتحات مسامية.

b) ضعي المعكرونة بين الكوبين بالتساوي. اضغط عليها واغمسها في الزيت الساخن. تقلى حتى تتحول النودلز إلى اللون البني الذهبي.

c) أزلها من الزيت واضغط برفق على المعكرونة من الكوب. اترك أعشاش الكأس جانباً.

d) سخني الزيت في مقلاة أو مقلاة. يُضاف البصل الأخضر والملفوف والفليفلة والجزر. يقلى جيدا. نضيف الدجاج المبشور ونقلبه حتى ينضج. يتبل بصلصة الصويا والعسل والملح والفلفل الأخضر المفروم.

e) ضعي المعكرونة المقلية في العش وضعيها على سيزلر ساخن مع الدجاج المقلي والذرة الصغيرة المقلية والبصل الأخضر. يقدم ساخنا.

44. دجاج سيزلر بالأعشاب

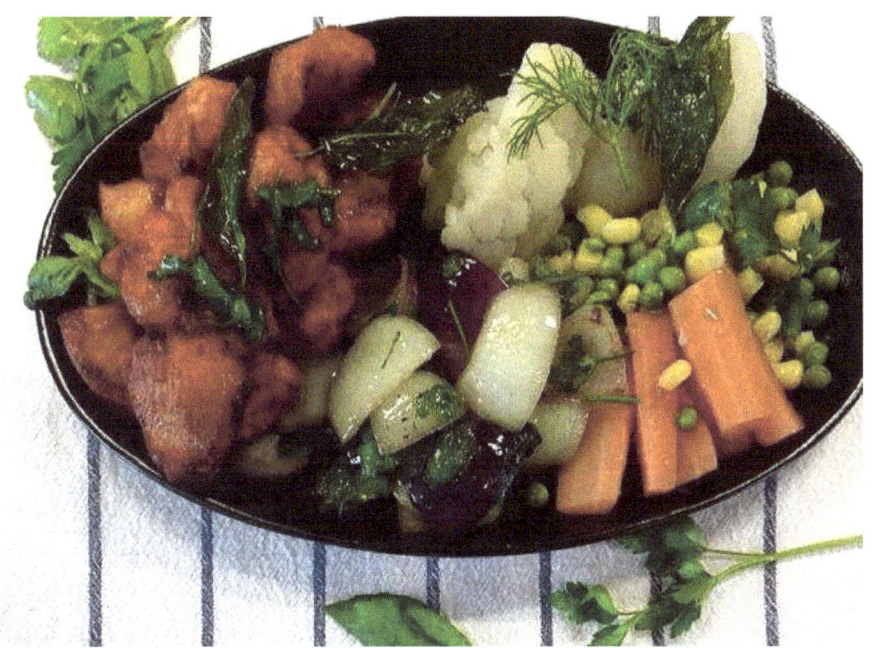

مكونات:

تتبيلة الدجاج:

- 500 جرام دجاج مسحب مكعبات
- 1 ملعقة كبيرة معجون ثوم
- 1 ملعقة كبيرة معجون الزنجبيل
- 4/1 كوب زبادي يوناني سادة

مسحوق الفلفل للتذوق

- 2 ملعقة كبيرة مسحوق فلفل أحمر كشميري
- 1 ملعقة كبيرة مسحوق كزبرة
- 1 ملعقة كبيرة كمون بودرة
- ملح للتذوق
- 4/1 كوب بقدونس طازج مفروم
- 4/1 كوب ريحان طازج مفروم

للتقديم:

- اخلطي الخضار المسلوقة مع بعض عصير الليمون أو الحامض

آحرون:

- لوحة سيزلر
- أسياخ
- زيت للفرشاة

تعليمات:

a) اقطع مكعبات الدجاج وانقعها في جميع المكونات. اترك حوالي 7 ساعات أو بين عشية وضحاها في الثلاجة.

b) أخرجي الدجاج من التتبيلة وضعيها في أسياخ على صينية تجميع القطرات.

c) دهنها بالزيت. اخبزيها في فرن محمى على حرارة 210 درجة مئوية لمدة 20-25 دقيقة ، حتى تنضج بالكامل وتحمر من الأطراف ، أو فوق حفرة شواء ، أو شواية. نظف بالفرشاة مرة أخرى بقليل من الزيت عندما أوشكت على الانتهاء.

d) ثم انزع كل قطع الدجاج من السيخ وضعها في طبق واتركها جانبًا.

e) قبل وضع الدجاج على صفيحة الأزيز ، سخني اللوح الحديدي ساخنًا جدًا. نضع كل مزيج الخضار والدجاج وقبل التقديم مباشرة على المائدة ، نرش عليها بعض الماء والزيت ، وسوف تحصل على الأزيز والأبخرة.

f) تُزين بمزيد من الأعشاب الطازجة إذا رغبت وقدمها دافئة.

45. دجاج سيزلر

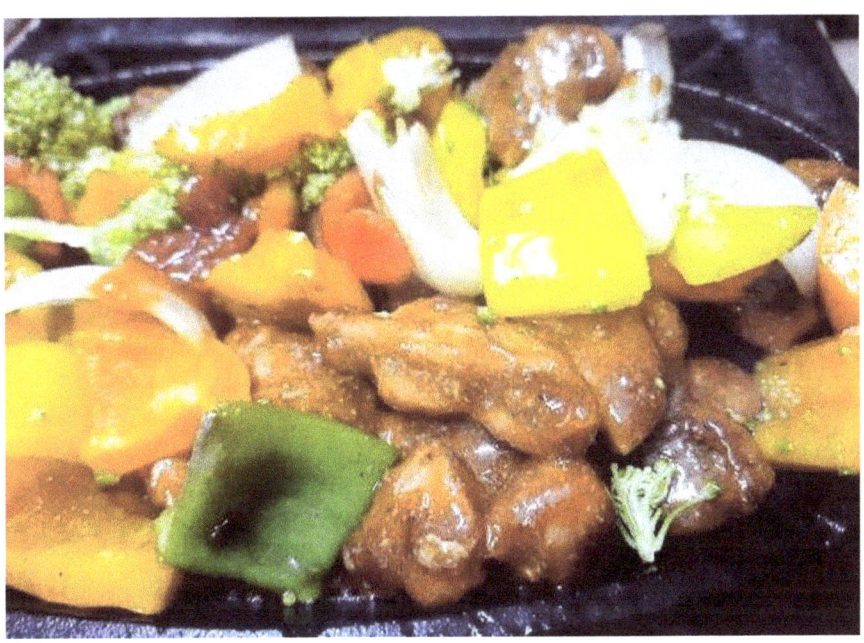

مكونات:

- 1 كوب مكعبات دجاج مسحب

نقيع

- 1 ملعقة كبيرة صلصة صويا
- 1 ملعقة كبيرة خل
- 1 ملعقة كبيرة مسحوق دجاج
- 1 ملعقة صغيرة زنجبيل + ثوم بودرة (معجون)
- 2/1 ملعقة صغيرة بابريكا
- 2/1 ملعقة صغيرة بيكنج بودر

صلصة

- 3 ملاعق كبيرة كاتشب
- 1 ملعقة كبيرة صلصة ثوم فلفل حار
- 1 ملعقة كبيرة صلصة رسيستيرشاير
- 1 ملعقة كبيرة عسل
- 1 ملعقة كبيرة دقيق ذرة
- 2 ملعقة كبيرة ماء
- 2/1 ملعقة صغيرة ملح

خضروات

- 1 بصلة
- 2/1 فلفل أخضر أصفر أحمر
- زهور القرنبيط
- 2 ملعقة كبيرة زيت

تعليمات:

a) انقع مكعبات الدجاج بمكونات التتبيلة لبعض الوقت. ساعات قليلة ستكون جيدة

b) أستخدم الخضروات من الثلاجة مثل البصل والفلفل والقرنبيط. يمكنك استخدام أي نوع من الخضار

c) ضعي ملعقتين كبيرتين من الزيت في المقلاة واقلي الدجاج حتى تنضج. أضف مكونات الصلصة ما عدا دقيق الذرة. دع الصلصة تمتزج جيدًا. يُمزج دقيق الذرة في الماء ويُضاف في المقلاة. يقلب حتى يتماسك قليلا سميكة

d) أضيفي مكعبات من الخضار واقليها لمدة 2_3 دقيقة للاحتفاظ بها مقرمشة وتجنب النقع. اجعل طبق الأزيز ساخنًا. أضف مكعب الزبدة. نتركه يذوب ويصدر أزيز ثم يضاف الدجاج. قدميها مع أرز مقلي.

46. دجاج و جبنة

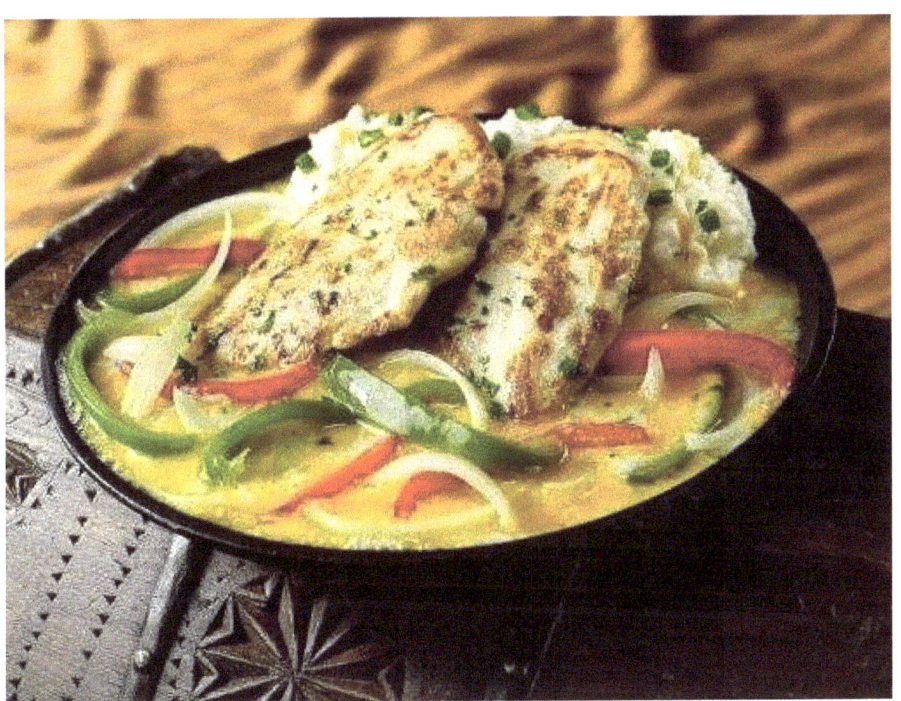

يجعل: 2

مكونات:
● 2 (4 أونصات) صدور دجاج
● 2 ملاعق كبيرة ثوم مفروم
● 2 ملاعق كبيرة بقدونس مفروم
● 1 ملعقة صغيرة فلفل أحمر مطحون
● نصف ملعقة صغيرة فلفل أسود
● نصف ملعقة صغيرة ملح
● 4 ملاعق كبيرة زيت زيتون مقسمة
● 1 فلفل أخضر جوليني
● 1 فلفل أحمر جوليني
● 1 بصلة صفراء
● 4 أكواب بطاطس مهروسة مطبوخة
● كوب جبن شيواوا الأبيض مبشور
● شريحتان جبن أمريكي

تعليمات:
a) قسّم صدور الدجاج حتى تصل إلى سمك متساوٍ.
b) في كيس بسحاب ، يُمزج الثوم والبقدونس والفلفل الحار والفلفل والملح وملعقتان كبيرتان من زيت الزيتون.
c) ضعي صدور الدجاج في التتبيلة وضعيها في الثلاجة لمدة 2-4 ساعات.
d) في مقلاة من الحديد الزهر على نار متوسطة ، سخني ما تبقى من زيت الزيتون واقلي الدجاج
e) الثديين لمدة 5 دقائق لكل جانب حتى يصلوا إلى اللون البني الذهبي. أخرجه من المقلاة.
f) يُقلى الفلفل والبصل لمدة 2-3 دقائق ، حتى ينضج. نخرجه من المقلاة.
g) سخني مقلاة من الحديد الزهر على الموقد حتى تصبح ساخنة جدًا. ضعي البطاطس المهروسة في المقلاة ،
h) ثم نضيف الجبن والفلفل والبصل.
i) ضعي الدجاج فوق البطاطس. يُطهى حتى يسخن تمامًا. قدميها من المقلاة الساخنة.

47. دجاج تندوري باربيكيو

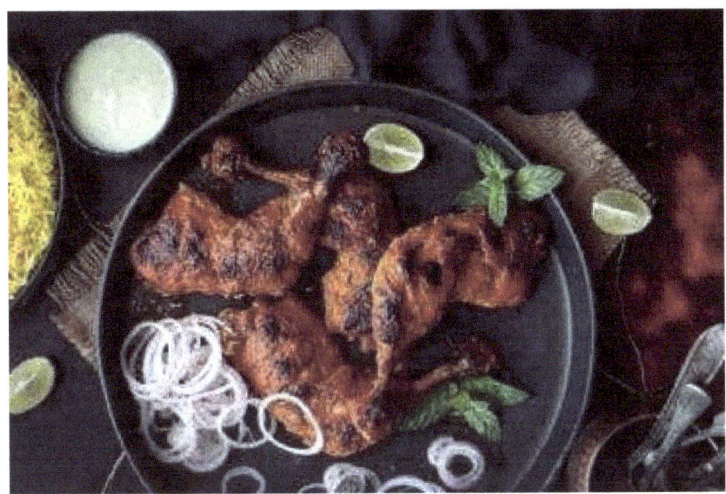

يصنع: 6 حصص

مكونات:

- 16 أونصة من الزبادي العادي
- نصف كوب عصير ليمون
- 2 فص ثوم ناعم
- مكعبات أو مضغوطة
- 2 ملاعق صغيرة ملح
- نصف ملعقة صغيرة كركم
- نصف ملعقة صغيرة كزبرة
- 1 ملعقة صغيرة كمون مطحون
- 1½ ملعقة صغيرة زنجبيل مطحون
- نصف ملعقة صغيرة فلفل حريف
- 3 صدور دجاج كاملة
- 1 بصلة كبيرة مفرومة ناعماً
- 1 فلفل أخضر كبير

تعليمات:

a) جهز الفحم الساخن أو سخن الشواية لمدة 10 دقائق.
b) في طبق كبير ، اخلطي الزبادي ، والكزبرة ، والليمون ، والعصير ، والكمون ، والثوم ، والزنجبيل ، والملح ، والفلفل الحار ، والكركم.
c) يحرك المزيج. تضاف قطع الدجاج وتخلط حتى تتغطى. يُغطى الخليط والدجاج بالفلفل والبصل. غطاء. البرد بين عشية وضحاها
d) اقلبها واطبخها حتى تنضج ، حوالي 15 إلى 20 دقيقة. ضعي المحلول الملحي أثناء الطهي. والت

48. دجاج مشوي حار

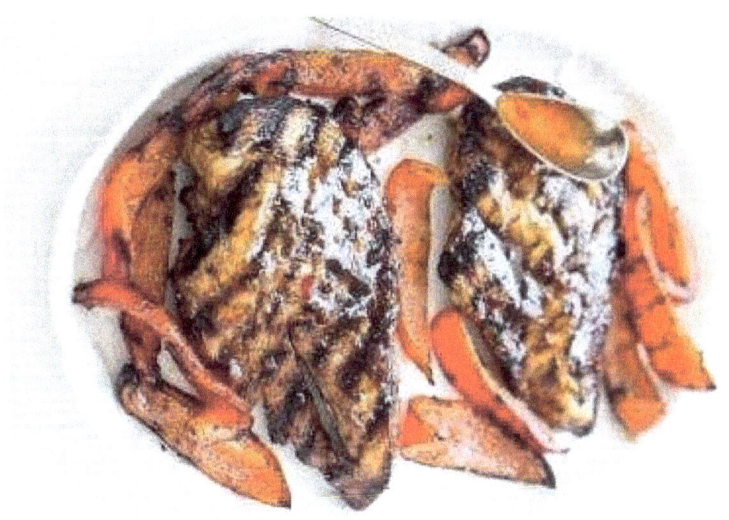

يجعل: 2 أو 3

مكونات:
- 1 كوب زبادي سادة
- 1 ملعقة كبيرة عصير ليمون
- كوب بصل مكعبات خشنة
- 1 ملعقة صغيرة بذور كمون
- 1 ملعقة صغيرة فلفل حار
- 1 ملعقة صغيرة فلفل سيشوان
- 2 فلفل أحمر حار
- 2 ملاعق كبيرة زيت الخردل
- ملح للتذوق
- 1½ رطل من صدور الدجاج
- 2 ملاعق كبيرة زيت الخردل
- 3 فلفل أحمر كامل جاف
- نصف ملعقة صغيرة كركم
- 1 كوب بصل ناعما مكعبات
- 1 ملعقة صغيرة ثوم مفروم
- 1 ملعقة صغيرة زنجبيل طازج المبشور ناعما
- 2 فلفل أحمر حار مفروم
- 1 ملعقة صغيرة كمون بودرة
- 1 ملعقة صغيرة مسحوق كزبرة
- 1 ملعقة صغيرة فلفل أسود مطحون طازج
- ملح للتذوق
- 1 كوب طماطم مكعبات
- 1 كوب مرق دجاج
- كوب بصل أخضر ؛ مقطعة إلى أطوال 1 بوصة

تعليمات:

a) في الخلاط ، اخلطي الزبادي وعصير الليمون والبصل وبذور الكمون والفلفل الأحمر وزيت الخردل والملح. امزج لتشكيل عجينة ناعمة.

b) نسكب معجون التتبيل فوق الدجاج في طبق كبير. تخلط جيداً وتغطى وتترك لمدة أربع ساعات على الأقل.

c) اشوي الدجاج المتبل على شواية على الفحم ، ولفه من حين لآخر حتى ينضج بالكامل ، حوالي 7 دقائق. قطع الدجاج المشوي إلى شرائح بحجم 1 بوصة.

d) في قدر على نار معتدلة ، سخني ملعقتين كبيرتين من زيت الخردل. يقلى الفلفل الأحمر الكامل الجاف حتى يغمق. يضاف الكركم ويقلب لمدة 15 ثانية. يضاف البصل ويقلب على نار معتدلة حتى يصبح لونه بني. يُضاف الثوم والزنجبيل والفلفل الأحمر الحار والكمون والكزبرة والفلفل الأسود والملح إلى مزيج البصل.

e) يحرق لمدة 30 ثانية ، ثم يضاف الطماطم ومرق الدجاج.

f) اخفض الحرارة حتى ينضج واترك مزيج الطماطم والبصل يطهى لمدة 10 دقائق حتى يصبح سميكًا. انقل شرائح الدجاج المشوية إلى الصلصة. يقلب جيدا. يُطهى لمدة 10 دقائق أخرى حتى يتبخر السائل الزائد بحيث تُغطى قطع الدجاج بالصلصة. ضبط التوابل مع الملح والفلفل. يُزين بالبصل الأخضر. يقدم مع الأرز أو روتي.

49. دجاج باربيكيو و اندويل هاش

يصنع: 4 حصص

مكونات:

- 6 أونصات من صدور الدجاج
- ربع كوب صوص باربيكيو
- ملح وفلفل
- 2 ملاعق كبيرة زيت زيتون
- 2 كوب بطاطس مطبوخة مكعبات ، بوصة مكعبات
- كوب بصل صغير مقطع
- 2 ملاعق كبيرة كراث ، مفروم
- 1 كوب نقانق أندويل مقطعة إلى مكعبات
- 1 ملعقة كبيرة ثوم مفروم
- بيض مسلوق:
- 4 بيضات
- 3 ملاعق كبيرة بصل أخضر مقطع

تعليمات:

a) سخني الشواية أو الشواية. تبلي الدجاج بالملح والفلفل.

b) ادهنوا الدجاج بصلصة الباربكيو وغطوا الصدر بالكامل.

c) نضع الدجاج على الشواية الساخنة أو الشواية ويطهى لمدة 5-6 دقائق على كل جانب. توضع جانبا وتبرد.

d) للتجزئة: في مقلاة ، سخني الزيت. أضيفي البطاطس والطحين مع رج المقلاة من حين لآخر لمدة دقيقتين. يضاف البصل والكراث والأندويل ويقلب لمدة دقيقة. قطعي قطع الدجاج المشوية إلى مكعبات صغيرة وأضيفيها إلى مزيج الأندويل وحركيها لمدة دقيقة. يضاف الثوم ويتبل بالملح والفلفل ويقلب من وقت لآخر لمدة 4 دقائق.

e) للبيض المسلوق: يُغلى 3 أكواب من الماء مع نصف ملعقة صغيرة خل أبيض ونصف ملعقة صغيرة ملح في قدر صغيرة على نار عالية.

f) اكسر بيضة في كوب وادخل البيضة برفق في الماء. اكسر بيضة أخرى في الكوب وعندما يعود الماء ليغلي ضع البيضة في الماء أيضًا.

g) عندما يعود الماء ليغلي ، خففي النار واتركيه على نار هادئة حتى ينضج البيض ، حوالي 2-2½ دقيقة. صفي مناديل ورقية.

h) معجون المأكولات البحرية: اخلطي نصف كوب من الزبدة المذابة ، 3 ملاعق كبيرة من عصير الليمون ، 2 ملاعق كبيرة من البقدونس المفروم ، ونصف ملعقة كبيرة من قشر الليمون المبشور.

50. دجاج بلسميك جليزد

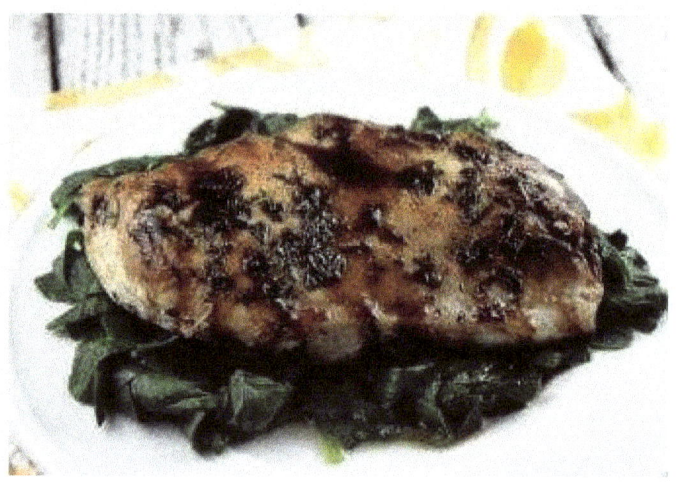

يجعل: 4 أجزاء

مكونات:

- 1 (3 2/1 إلى 4 باوند) دجاج
- 2 فص ثوم مفروم ناعماً
- 4 ملاعق كبيرة أوراق إكليل الجبل مكعبات
- 2 ملاعق كبيرة فلفل أسود مطحون طازجًا
- 1 ملعقة صغيرة ملح البحر
- 3 ملاعق كبيرة زيت زيتون بكر
- 2 أوقية Prosciutto قشرة
- 2 أونصة من قشر البارميزان
- 2 بصل أحمر متوسط ، مقطع إلى
- أقراص بحجم 1 بوصة
- 1 جلاس لومبروسو
- 4 ملاعق كبيرة من الخل البلسمي
- 6 كبيرة Radicchio di Treviso
- 2 ملاعق كبيرة زيت زيتون بكر ممتاز

تعليمات:

a) سخني الشواية إلى 375 درجة.

b) اشطف الدجاج واتركه جافًا. أخرج الحوصلة وضعه جانبًا.

c) يقطع الثوم وإكليل الجبل والفلفل وملح البحر معًا ويخلط مع زيت الزيتون البكر. افركي الجزء الخارجي من الدجاج بالكامل بخليط إكليل الجبل. ضع قشر Prosciutto و Parmesan داخل التجويف واتركه يبرد طوال الليل.

d) ضع أقراص البصل والحوصلة في قاع مقلاة صغيرة ثقيلة القاع. ضعي الدجاج فوق البصل مع رفع الصدر. يُسكب كوب من لومبروز فوق البصل ويُفرك الدجاج بالكامل بأربع ملاعق كبيرة من الخل البلسمي.

e) توضع في الشواية وتطهى لمدة ساعة و 10 دقائق.

f) نقطع الراديكيو من المنتصف بالطول ونضعه على الشواية ويطهى لمدة 3 إلى 4 دقائق لكل جانب. تُخرج من الشواية وتُدهن بزيت الزيتون البكر الممتاز وتترك جانباً. أخرج الطائر من الشواية واتركه يرتاح لمدة 5 دقائق. انقل الدجاج إلى طبق نحت. ضع البصل والحوصلة في طبق مع العصائر. يُقطّع الدجاج ويُرش بالخل المتبقي ويُقدّم على الفور.

51. دجاج مشوي و خضروات

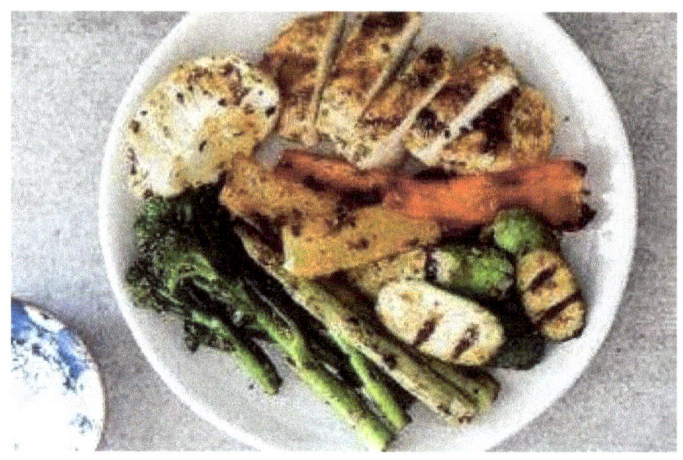

يصنع: 1 جزء

مكونات:
- 2 صدور دجاج
- 4 القرع الأصفر
- 1 فلفل أحمر
- 1 فلفل أخضر
- نصف كوب زيتون أسود كامل
- نصف كوب زيت زيتون
- 2 ملاعق صغيرة زعتر مجفف
- نصف كوب خمر جاف
- 4 فصوص ثوم
- 1 ليمون عصير
- ملح وفلفل أسود

تعليمات:
a) سخني الشواية أو الشواية.
b) في طبق للخلط ، اخلطي زيت الزيتون والزعتر والفيرموث والثوم وعصير الليمون معًا. أضيفي صدور الدجاج والكوسا الأصفر والفلفل الأحمر والأخضر والزيتون الأسود إلى الطبق. امزج المكونات: معًا.
c) يُسكب المزيج من الطبق في صينية خبز معدنية. الموسم مع الملح والفلفل الأسود
d) ضعه فوق شواية ساخنة أو أسفل شواية للطهي. المكونات: في كثير من الأحيان. يُطهى حتى ينضج الدجاج وتصبح الخضار طرية.

52. دجاج مشوي بصلصة هافانا

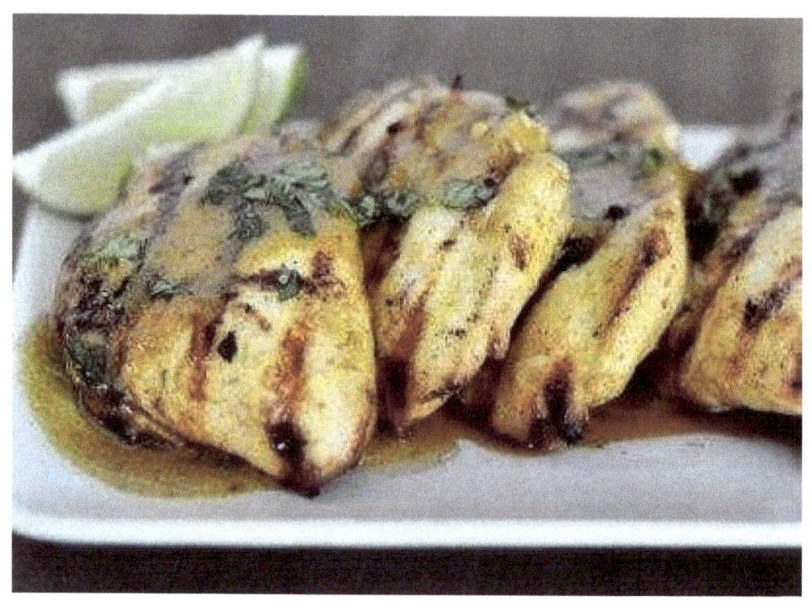

يجعل: 8 جزء

مكونات:

● 28 أوقية من الطماطم البرقوق ؛ استنزاف و
● نصف كوب زيت زيتون
● كوب نبيذ أبيض
● 1 ملعقة كبيرة خل أبيض
● 3 بصل أخضر مكعبات
● 4 أكواب ثوم مفروم
● نصف ملعقة صغيرة ملح
● نصف ملعقة صغيرة فلفل
● 2 ملاعق صغيرة كزبرة. مفروم
● 8 دجاج الصدور والجلد
● فلفل مطحون

تعليمات:

a) اخلطي جميع مكونات الصلصة. تخلط جيدا وتغطى وتوضع في الثلاجة طوال الليل. سخني شواية خارجية واتركي الصلصة تصل إلى درجة حرارة الغرفة.

b) رشي الدجاج بعصير الليمون والملح والفلفل حسب رغبتك.

c) ضعها على الشواية واطبخها لمدة 6 دقائق لكل جانب أو حتى يصبح لونها بني.

d) ادهنوا الصلصة بالدجاج طوال فترة الشواء.

53. دجاج مشوي مع صلصة الفطر

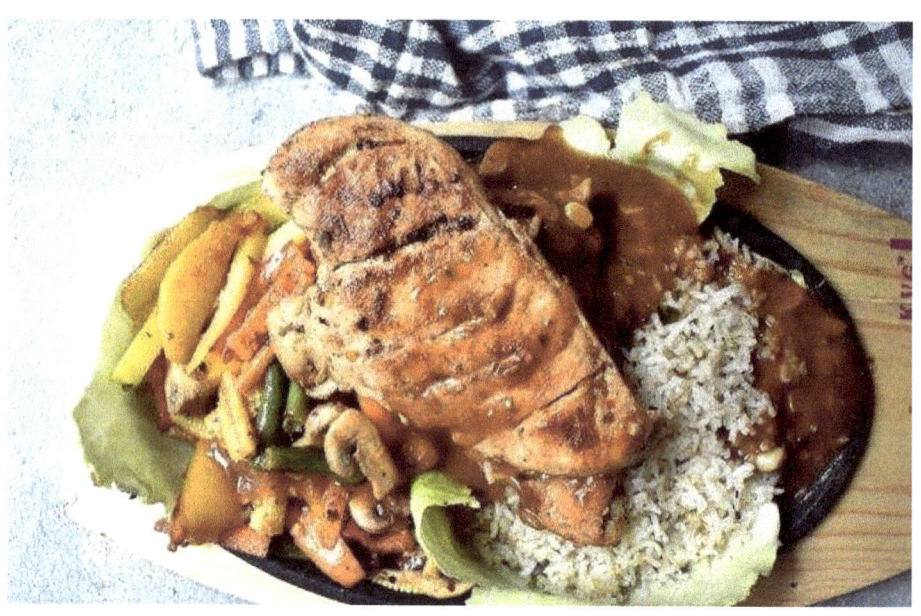

تعليمات:

تحضير النودلز

a) سخني 1 ملعقة كبيرة زيت في مقلاة غير لاصقة.

b) أضف نصف ملعقة كبيرة من الزنجبيل المفروم وملعقة كبيرة من الثوم المفروم ، وملعقتين كبيرتين من الجزر الجوليني ، وملعقتين كبيرتين من الفلفل الحار ، وملعقتين كبيرتين من الكرنب.

c) يخلط ويقلى لمدة 30 ثانية.

d) أضيفي النودلز وقلبي المزيج. أضيفي ملعقة كبيرة من صلصة الصويا ، وملعقة صغيرة من رقائق الفلفل الحار ، وحبوب الفلفل المطحون ، وقليل من السكر وبعض البصل الأخضر ، وقلبي المزيج. اضف الملح واخلط جيدا.

تحضير الدجاج المشوي:

e) في وعاء ، أضيفي السكر ومسحوق البابريكا ومسحوق الفلفل الأسود والملح ومعجون الزنجبيل والثوم والبقدونس الطازج أو المجفف وصلصة الصويا والخل واخلطيهم جيدًا.

f) يُضاف فيليه الدجاج ويُخلط جيداً وينقع لمدة ساعة.

g) في مقلاة الشواء ، أضيفي زيت الطهي وشرائح الدجاج المتبل ، واشويها على نار خفيفة من كلا الجانبين حتى تنضج.

تحضير صلصة الحجم:

h) أضيفي الزبدة في قدر الصلصة واتركيها تذوب.

i) يضاف البصل والثوم ويخلط جيدا.

j) يُضاف الدقيق لجميع الأغراض ويُمزج جيدًا لمدة دقيقة واحدة.

k) نضيف صلصة الصويا ومسحوق الفلفل الأسود والملح وصوص الثوم الحار ويخلط جيدا.

l) تُضاف مرق الدجاج وتُخفق حتى تمتزج جيدًا وتُطهى لمدّة 2-3 دقائق أو حتى تتكاثف الصلصة وتترك جانبًا.

تحضير الخضار:

m) في الووك ، أضيفي زيت الطهي وأوراق البصل الأخضر واخلطيهم جيدًا.

n) يضاف البقدونس الطازج ويخلط.

o) يُضاف الجزر المتبقي ، الفلفل الأصفر ، الفليفلة ، الفلفل الأحمر ، الملح ، الفلفل الأحمر المسحوق ، يُمزج جيداً ويُقلب لمدة دقيقة ويوضع جانباً.

التجميع:

p) سخني المقلاة ، أضيفي الزبدة ، النودلز ، الخضار المقلية ، فيليه الدجاج ، صلصة السيزلنج المعدة وقدميها!

حجم اللحم

55. لحم الخنزير المقرمش مع الخوخ المزجج

يصنع: 4 حصص

مكونات:
2 1/2 بوصة شرائح لحم خنزير سميكة
1 كل بيضة بيضاء
1 كوب مقرمشات جبن مطحون
4 أنصاف خوخ
ربع كوب صلصة توت بري
1 حبة بطاطس
2 ملاعق صغيرة زيت زيتون

تعليمات:
تُخفق البيض قليلاً مع 1 ملعقة صغيرة ماء. اغمس جانب واحد من كل شريحة من لحم الخنزير في البيض ثم في فتات البقسماط. اضغط على الفتات جيدًا. ضع الجانب المطلي لأعلى على رف الشواء. ضعي أنصاف الخوخ على رف الفروج مع لحم الخنزير، وفرشاة بصلصة التوت البري الذائبة. تُحاط بالبطاطا مقطعة في رمح رفيع ومُقَلَّعة بالزيت. اشوي 4 انش من على النار لمدة 5 دقائق.

56. تکساس سیزلر

يجعل: 24 مقبلات

مكونات:
- 1½ لحم الخاصرة لحم البقر
- 2/1 كوب صلصة بيكانتي
- 12 حبة فلفل هالابينو كاملة مقطعة أنصاف بالطول ومزروعة
- كوب جبن كريمي بالأعشاب
- المسواك

تعليمات:
a) قطّعي شرائح اللحم إلى شرائح بسمك 1 بوصة بطول 4 بوصات مقطّعة عبر السكين الممسك بالحبوب بزاوية.
b) انقع شرائح اللحم البقري في صلصة بيكانتي لمدة ساعة.
c) ملء كل نصف هلابينو مع نصف ملعقة صغيرة من الجبن الكريمي 4. لف الهالبينو المحشو بشريط ستيك واحد يغطي الجبن الكريمي أثناء لفه. اربطوا شريحة لحم بعود أسنان. 5- اشوي أو اشوي 4 بوصات من الحرارة لمدة 4 دقائق مع التقليب بعد دقيقتين. لا تفرط في الطهي.
d) للحصول على نكهة مثالية ، انقع في صلصة بيكانتي الساخنة أو المتوسطة.

57. ترياكي لحم البقر

يجعل: 6 حصص

مكونات:
- 1½ رطل لحم بقري تندرلوين
- نصف كوب صلصة صويا
- كوب شيري جاف
- 2 ملاعق كبيرة سكر
- 2 ملاعق صغيرة خردل جاف
- 4 فص ثوم مفروم

تعليمات:

a) تجميد اللحم البقري جزئيًا. قم بتقسيم الحبوب إلى شرائح رقيقة. اخلطي صلصة الصويا والنبيذ والسكر والخردل والثوم. يضاف اللحم البقري ويترك لمدة 15 دقيقة في درجة حرارة الغرفة.

b) لحم سيخ على شكل أكورديون على أسياخ صغيرة. قم بتسخين جانبي شواية الغاز مسبقًا لمدة 10 دقائق.

c) ضع الأسياخ على الشبكات. يُغلق الغطاء ويُطهى لمدة 5 إلى 7 دقائق أو حتى ينضج اللحم ، مع تدويره وتغطيته في كثير من الأحيان بمحلول ملحي.

58. شواية غنم لمدة 30 دقيقة لشخصين

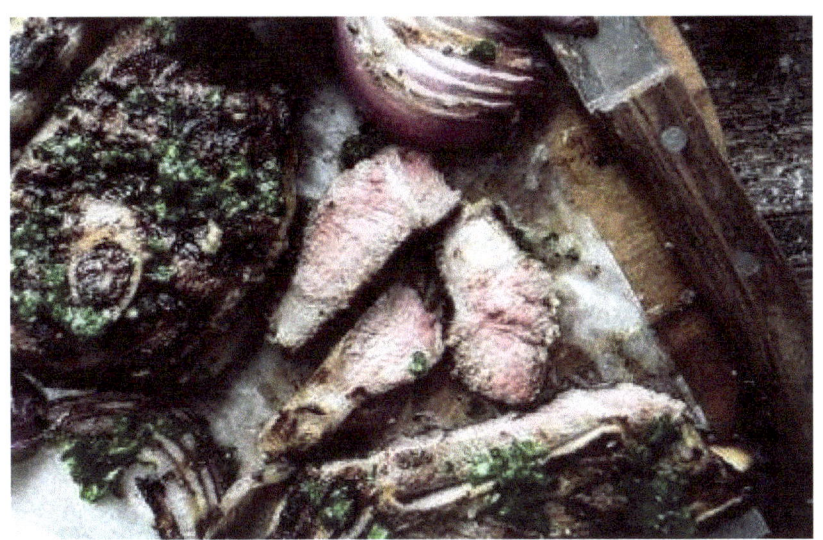

يجعل: 2 جزء

مكونات:

● 1 ملعقة كبيرة صلصة صويا قليلة الصوديوم
● 2 ملاعق صغيرة زيت السمسم
● 1 بصلة خضراء مقطعة مكعبات
● 1 فص ثوم مفروم
● 2 ملاعق صغيرة من الزنجبيل المفروم
● نصف ملعقة صغيرة فلفل
● 4 قطع من الخاصرة
● ملح

تعليمات:

a) في طبق غير عميق ، اخفقي صلصة الصويا والزيت والبصل والثوم والزنجبيل والفلفل. يُضاف لحم الضأن ، بالتناوب حتى يتغطى ؛ دعها ترتاح لمدة 10 دقائق.

b) أعد تقسيم المحلول الملحي ، ضع لحم الضأن على شواية مدهونة على نار معتدلة إلى عالية ؛ يغطى ويطهى مع التحميص بالمحلول الملحي لمدة 5-7 دقائق على كل جانب للحصول على درجة نضج معتدلة - نادرة أو حتى النضج المطلوب. تبلها مع ملح للمذاق.

c) تقدم مع شرائح الكوسا والبطاطا الحلوة.

59. ذيل تمساح الكاجون المشوي

يجعل: 16 حصة

مكونات:
- 4 إلى 6 رطل. أسافين الليمون الحامض ذيل التمساح

مزيج التوابل:
- 12 ملاعق كبيرة من الفلفل الحلو
- 6 ملاعق كبيرة ثوم بودرة
- 3 ملاعق كبيرة ملح
- 3 ملاعق كبيرة فلفل أبيض
- 3 ملاعق كبيرة زعتر مهروس
- 3 ملاعق كبيرة فلفل أسود
- 2½ ملعقة كبيرة زعتر
- 1 ملعقة كبيرة فلفل حريف

تعليمات:

a) لتحضير خلطة التوابل ، اخلطي الفلفل الحلو ومسحوق الثوم والملح والفلفل الأبيض والأوريغانو والفلفل الأسود والزعتر والفلفل الحار في مرطبان بغطاء محكم. يُرج جيداً للخلط.

b) يمكن تخزين الخليط لمدة تصل إلى 3 أشهر. عندما تكون جاهزة للطهي ، قطع لحم الذيل التمساح إلى مكعبات نصف بوصة ، ولف كل مكعب في ملعقة كبيرة من الخليط.

c) يُطهى على نار عالية على شواية خارجية أو تحت الشواية لمدة 4 إلى 6 دقائق ، أو حتى يصبح لحم ذيل التمساح أبيضًا ويصبح متماسكًا.

d) قدميها دافئة مع شرائح الليمون.

60. فخذ خروف مشوي بالزبدة

يجعل: 6 حصص

مكونات:

● 4 رطل فخذ من لحم الضأن ، مملح بالزبدة
● 2 ملاعق صغيرة ملح
● 2 فص ثوم مفروم
● 1 كوب زيت زيتون
● 2 حبة ليمون معصورة
● نصف كوب معجون طماطم
● 2 ملاعق صغيرة إكليل الجبل
● ½ ملعقة صغيرة فلفل أسود مطحون خشن
● نصف ملعقة صغيرة من البردقوش
● نصف ملعقة صغيرة اوريجانو
● نصف ملعقة صغيرة مالح

تعليمات:

a) امزج جميع المكونات في وعاء زجاجي أو مينا أو غير القابل للصدأ أو بلاستيك واخلطها بمضرب أو شوكة حتى تمتزج. يستغرق بضع دقائق.

b) نضيف اللحم مع تدويره للتأكد من تغطيته من جميع الجوانب.

c) انقع ساعتين في درجة حرارة الغرفة أو طوال الليل في الثلاجة. تحقق من حين لآخر للتأكد من أنه لا يزال مغطى بالمحلول الملحي وأعد تغطيته حسب الضرورة.

d) اشوي بالخارج أو اشوي من الداخل على بعد حوالي 8 بوصات من اللهب لمدة 15 دقيقة على كل جانب ، بالفرشاة أحيانًا بالمحلول الملحي. قدميها مقطعة رفيعة (ساخنة) مع باقي المحلول الملحي ، ساخنة.

61. شريحة لحم مع الفلفل والبصل

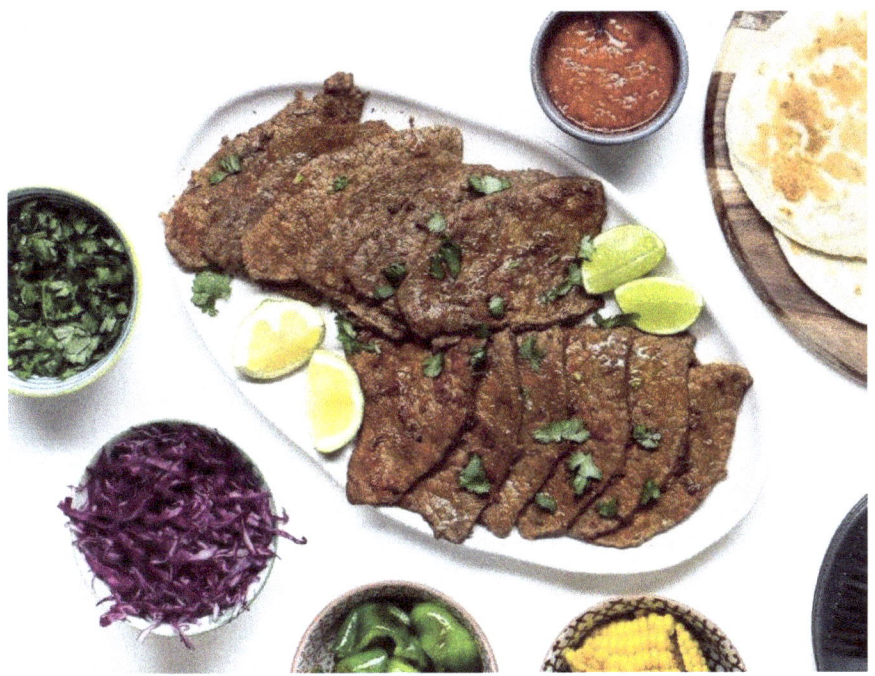

مكونات:

- نصف ملعقة كبيرة زيت نباتي
- بضع لفات من شوارتز هيرب فيوجن - أي أعشاب مجففة مع القليل من مسحوق الثوم ستفي بالغرض
- رشة من رقائق الفلفل الأحمر
- 300 جرام من لحم الردف - مقطع إلى شرائح
- 1 بصلة متوسطة مقشرة ومقطعة إلى شرائح رقيقة
- 1 حبة فليفلة خضراء مقطعة إلى شرائح رقيقة
- دفقة من صلصة الصويا
- 1 بصل أخضر (بصل أخضر) - مقطع شرائح

تعليمات

a) يُسكب الزيت النباتي في طبق مع بضع لفات من مزيج الأعشاب ورقائق الفلفل الحار ثم استخدم المزيج لتغليف البصل والفلفل وشرائح اللحم.

b) قم بتسخين طبق الأزيز أو مقلاة ذات قاعدة ثقيلة حتى تصبح لطيفة وساخنة (ستبدأ الصينية في التدخين عندما تكون جاهزة للطهي).

c) أضف شرائح اللحم والبصل والفلفل إلى طبق الأزيز واطبخي (كل شيء سيطهى بسرعة كبيرة) اقلب كل شيء في المقلاة مرتين على الأقل.

d) أضف القليل من صلصة الصويا مع البصل الأخضر.

e) قدميها على الفور وهي لا تزال تصدر أزيزًا.

62. لحم بقري مجفف مشوي

يجعل: 4 أجزاء

مكونات:

- 1 رطل العجاف الجزء السفلي أو لحم الخاصرة
- 2 سيقان من عشب الليمون الطازج ، أو 2 ملاعق كبيرة من عشب الليمون المجفف
- 2 حبة صغيرة فلفل أحمر تشيلي ، منزوع البذور
- 2½ ملعقة كبيرة سكر أو عسل
- 1 ملعقة كبيرة صلصة سمك فيتنامية
- 3 ملاعق كبيرة صلصة صويا خفيفة

تعليمات:

a) قطع اللحم البقري عبر الحبوب إلى شرائح رقيقة جدًا 3 × 3 بوصات. إذا كنت تستخدم عشب الليمون الطازج ، فتخلص من الأوراق الخارجية والنصف العلوي من الساق. يُقطّع إلى شرائح رفيعة ويُفرم جيدًا. إذا كنت تستخدم عشب الليمون المجفف ، انقعه في ماء دافئ لمدة ساعة. يُصفّى ويُفرم جيدًا.
b) اخلطي الفلفل الحار والسكر في هاون ومدقة ورطل إلى عجينة ناعمة. أضيفي مكعبات عشب الليمون وصلصة السمك وصلصة الصويا وقلبي المزيج. (في حالة استخدام الخلاط ، امزج كل هذه المكونات واخلطها حتى تحصل على معجون ناعم جدًا). انشر المعجون فوق قطع اللحم البقري لتغليف كلا الجانبين. اتركيه منقوعًا لمدة 30 دقيقة.

c) انشر كل قطعة من اللحم البقري المتبل على رف سلك كبير أو صفيحة خبز.
d) اتركيها ترتاح في الشمس حتى يجف كلا الجانبين تمامًا ، لمدة 12 ساعة تقريبًا.
e) يُشوى اللحم على نار متوسطة على الفحم أو حتى يصبح لونه بنيًا ومقرمشًا ، لمدة 10 دقائق تقريبًا.

63. ضلع برايم مشوي مشوي

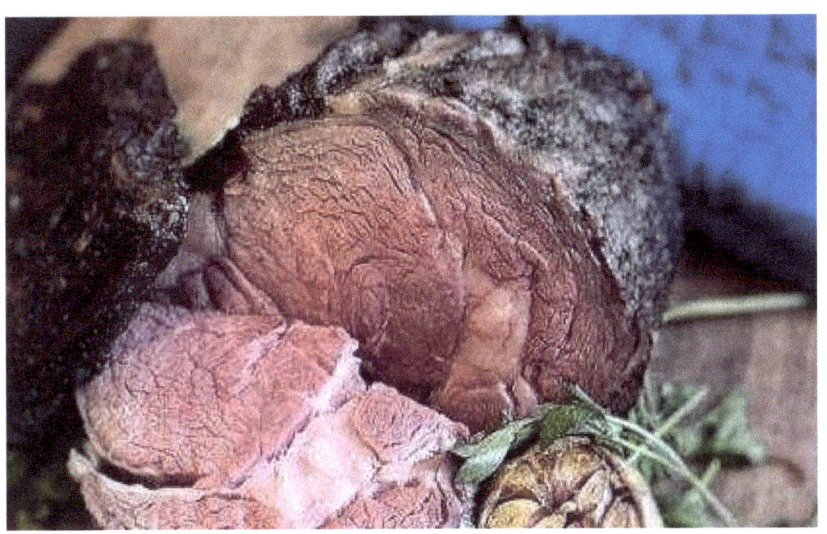

يصنع: 1 جزء

مكونات:

● 1 كل 12 إلى 15 رطلاً من الضلع الرئيسي ، العظم في
● 1 كوب ملح كوشير
● 1 كوب فلفل أسود مجروش خشن
● افركي الضلع الرئيسي بالملح والفلفل.

تعليمات:

a) في شواية غلاية كبيرة ، أشعل النار جيدًا من جانب واحد. عندما يضيء الفحم جيدًا ، ضع الضلع على شبكة الشواء على الجانب المقابل للفحم ، مع الحرص على عدم وجود أي جزء من الضلع فوق الفحم مباشرة. ضع الغطاء على الغلاية مع فتح فتحات التهوية.

b) طهي لمدة ساعتين تقريبًا ، مع إضافة حفنة من الفحم الطازج كل 30 دقيقة أو نحو ذلك

c) بعد ساعتين ، افحص الضلع بميزان حرارة اللحم لتحديد النضج ؛ أخرج من النار عند 118 درجة فهرنهايت للندرة جدًا ، 122 فهرنهايت للندرة ، 126 فهرنهايت للندرة المعتدلة ، وهكذا ، مع إضافة 4 فهرنهايت لكل درجة من النضج

d) اتركيه للراحة لمدة 30 دقيقة قبل التقطيع.

64. مشاوي مشكلة خارجية

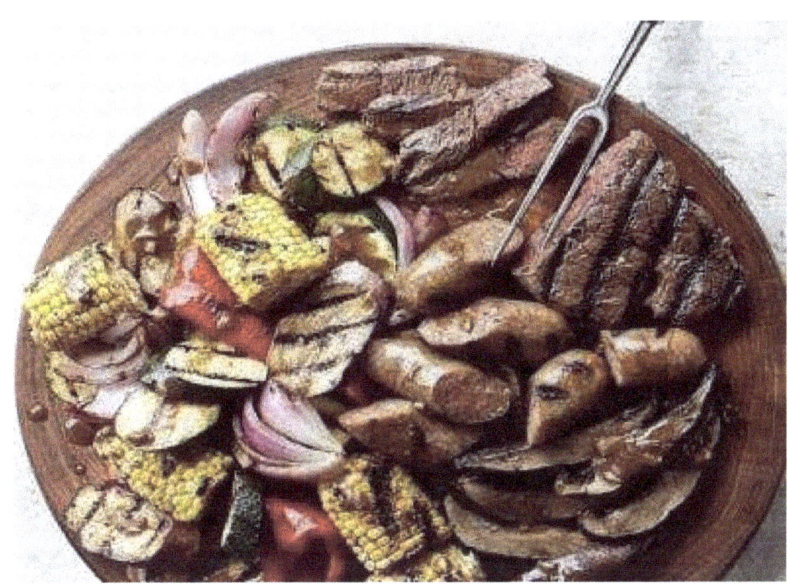

يصنع: 1 جزء

مكونات:

● اختر الدجاج والسجق ولحم البقر ولحم الخنزير و / أو لحم الضأن حسب رغبتك وكما يلي:
● 1 رطل من صدور الدجاج منزوعة العظم والجلد ، مقطعة إلى قطع 1 إنش
● 1 رطل نقانق إيطالية حلوة ، مقطعة إلى قطع 1 إنش
● 1 كوب عصير جريب فروت
● 3 ملاعق كبيرة عسل
● 2 ملاعق كبيرة زبدة مذابة
● نصف ملعقة صغيرة ملح
● 2 ملاعق كبيرة إكليل الجبل مكعبات
● 2 ملاعق كبيرة زعتر مفروم
● 1 ملعقة كبيرة ثوم مقطع
● 1 بصلة صغيرة مقطعة مكعبات
● 2 ملاعق كبيرة عصير ليمون
● نصف كوب زيت
● 1 ملعقة صغيرة زعتر مجفف
● 1 ملعقة صغيرة من البردقوش المجفف
● 1 ملعقة صغيرة ملح
● نصف ملعقة صغيرة فلفل

تعليمات:
a) تخلط جميع المكونات في طبق ضحل كبير غير متفاعل ؛ محلول ملحي مغطى في درجة حرارة الغرفة لمدة ساعتين أو مغطى في الثلاجة لعدة ساعات.
b) أخرج الدجاج المملح وأعد تقسيمه إلى سيخ (أسياخ) ونقانق خاصة به في سيخ خاص به
c) اشويها فوق الفحم الحار ، مع الدوران بشكل متكرر ، باستخدام محلول ملحي خاص بها. يستغرق الدجاج حوالي 15 دقيقة. النقانق حوالي 20-25 دقيقة ؛ لحم الخنزير ولحم البقر أو لحم الضأن حوالي 20 دقيقة. يُرفع عن النار ويُسكب على المحلول الملحي المتبقي / المعني ؛ غطي بورق الألمنيوم لمدة خمس دقائق ؛ يخدم.

65. شرائح لحم بقر مشوية

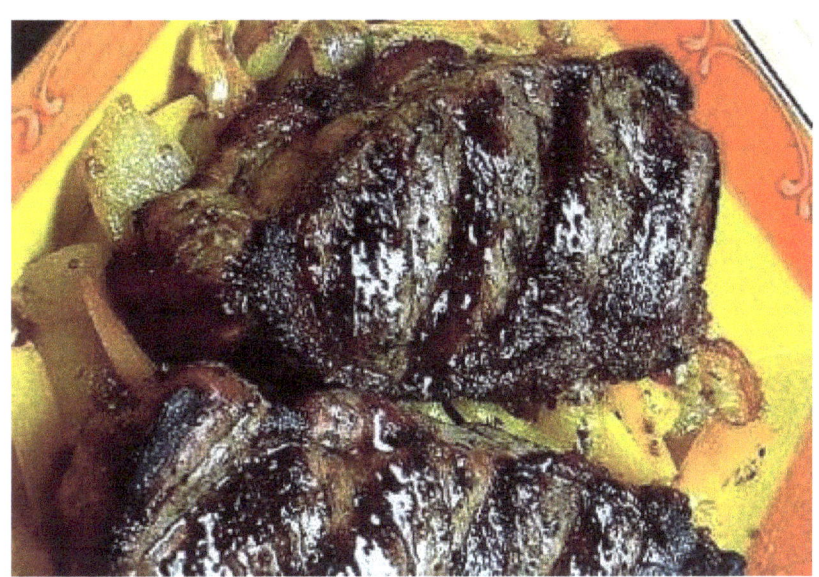

يصنع: 1 جزء

مكونات:
- ستة شفرة من لحم البقر. شرائح اللحم
- 2 فلفل أحمر كبير إيواء
- برش 2 سرة برتقال
- 1 كوب عصير برتقال طازج
- نصف كوب زيت نباتي
- 2 فص ثوم
- 1 ملعقة كبيرة صلصة الصويا
- 1 ملعقة صغيرة فلفل أحمر حار مجفف
- 1 ملعقة كبيرة خل عصير التفاح
- نصف ملعقة صغيرة ملح

تعليمات:
a) في طبق ضحل كبير ، رتبي النصل في طبقة واحدة وأضيفي الفليفلة الحلوة.

b) في الخلاط ، اخلطي قشر البرتقال ، وعصير البرتقال ، والزيت ، والثوم ، وصلصة الصويا ، ورقائق الفلفل الأحمر ، والخل ، والملح حتى يصبح الماء المالح ناعمًا ، ثم اسكبي المحلول الملحي فوق شرائح اللحم والفلفل ، قم بتغطيتها جيدًا ، واترك الخليط منقوعًا ومغطى ومبردًا طوال الليل.

c) اشوي شرائح اللحم والفلفل ، محلول ملحي ، على رف مدهون بالزيت من 5 إلى 6 بوصات فوق الفحم المتوهج لمدة 8 دقائق على كل جانب لشرائح اللحم المعتدلة النادرة ، انقلهم إلى طبق ، واترك شرائح اللحم ترتاح لمدة 5 دقائق.

66. سيزل بيف ستير فراي

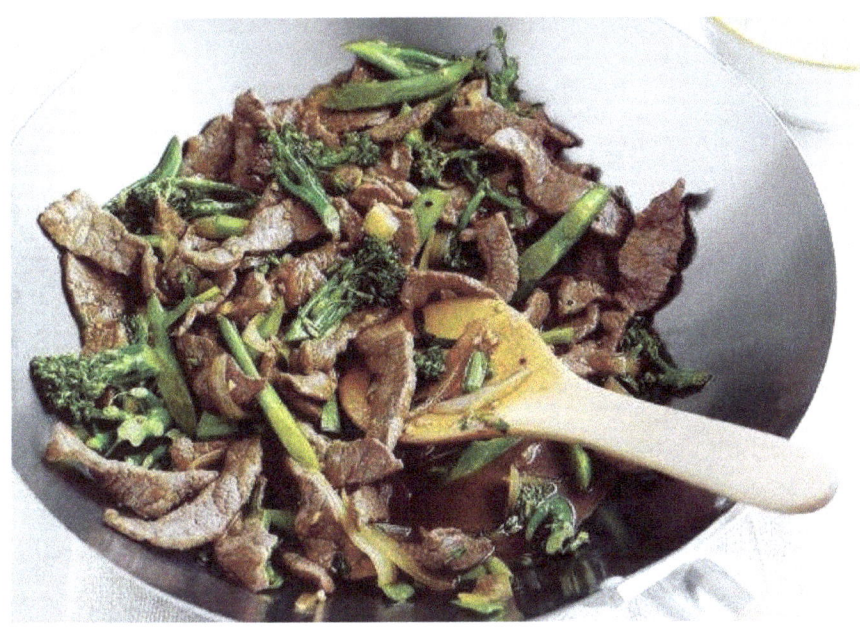

يجعل: 3

مكونات:

- 300 جرام شرائح لحم بقري مقطعة إلى مكعبات خشنة
- 2 ملاعق صغيرة زيت
- 450 جرام أرز خضار محضر من اختيارك
- لتحضير صلصة سيزل:
- 4 ملاعق كبيرة صلصة رسيستيرشاير
- 1 ملعقة صغيرة 5 بهارات بودرة
- 2 ملاعق طعام من بيوريه الطماطم
- 1 ملعقة كبيرة عسل
- 1 ملعقة كبيرة صلصة صويا خفيفة

تعليمات:

a) لتحضير الصلصة ، في وعاء صغير ، اخلطي جميع المكونات معًا واتركيها جانبًا.
b) سخني الزيت في مقلاة أو مقلاة كبيرة غير لاصقة ، أضيفي اللحم البقري واطهي لمدة 2-1 دقيقة مع التحريك من حين لآخر. أضف الصلصة وأرز الخضار. استمر في الطهي لمدة 3-4 دقائق إضافية مع التحريك من وقت لآخر حتى يصبح الأرز ساخنًا.
c) قدميها على الفور مع سلطة خضراء.

67. سيرلوين سيزلر

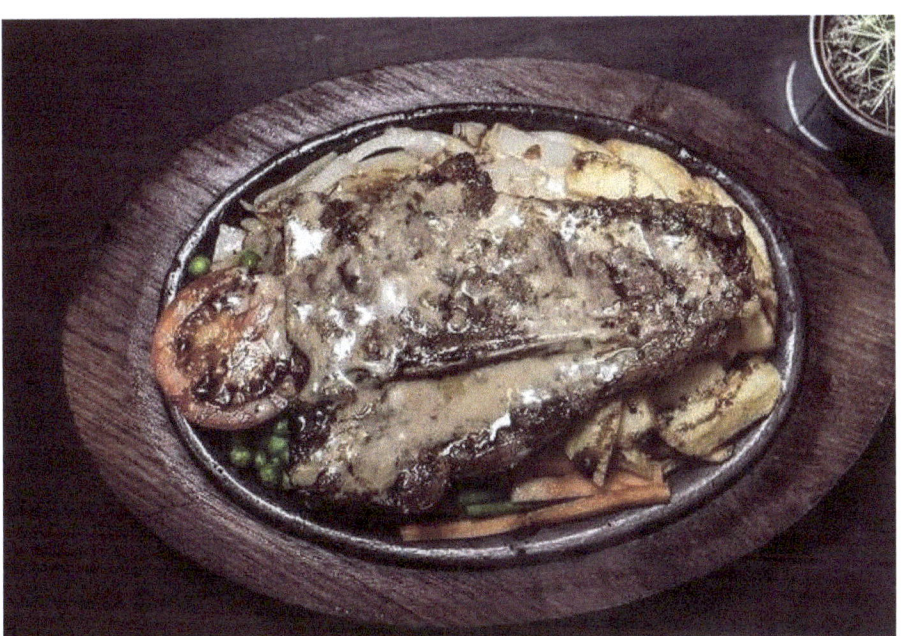

يجعل: 4

مكونات:
- 3 ملاعق كبيرة خل بلسمي
- 2 ملاعق كبيرة زيت زيتون
- 2 فص ثوم مفروم
- 1 ملعقة صغيرة إكليل الجبل المجفف
- 1/4 ملعقة صغيرة ملح
- 1 رطل ستيك لحم الخاصرة ، 1 بوصة سميكة

تعليمات:
a) في طبق ضحل قلبي الخل والزيت والثوم وإكليل الجبل والملح معًا.
b) أضف شريحة لحم تتحول إلى طبقة.
c) انقع في درجة حرارة الغرفة لمدة 10 دقائق مع التقليب مرة واحدة.
d) سخني مقلاة أو مقلاة شواء مدهونة على نار متوسطة إلى عالية.
e) يُطهى شرائح اللحم مع التقليب لمدة 10-12 دقيقة أو حتى النضج المطلوب.
f) نقل إلى لوح تقطيع وخيمة مع رقائق معدنية.
g) اتركيه لمدة 5 دقائق قبل التقطيع.

حجم المأكولات البحرية

68. المأكولات البحرية المختلطة على طريقة شيزوان

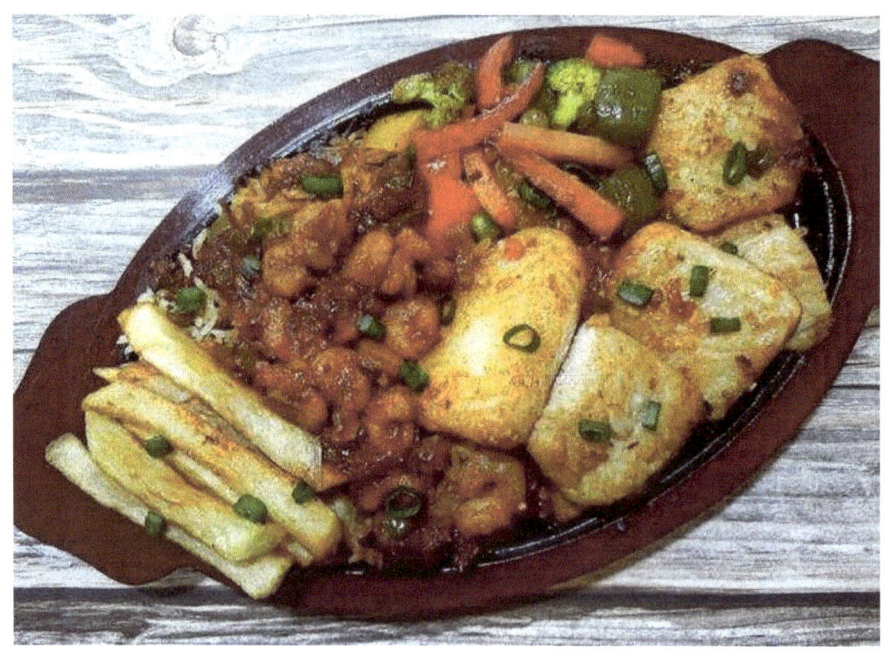

مكونات:

- 400 جرام من المأكولات البحرية - روبيان كبير وسمك وحلقات الحبار والمحار
- 5 فلفل حار مجفف
- 20 جرام زنجبيل مقطع إلى شرائح
- 3 فصوص ثوم مقطعة إلى شرائح
- نصف بصلة مقطّعة إلى أسافين
- 25 جرام فطر مقسم إلى أرباع
- 50 غ من الفليفلة الحمراء والخضراء، المقطّعة إلى أسافين
- 25 جرام جزر ، مقطعة إلى الأشكال المرغوبة
- 2 ملعقة كبيرة زيت
- 1 ملعقة صغيرة زيت سمسم

توابل

- 1 ملعقة كبيرة صلصة أذن البحر
- 1 ملعقة كبيرة صلصة طماطم
- 4/1 ملعقة صغيرة صلصة الصويا الداكنة
- 4/1 ملعقة صغيرة سكر
- 2/1 كوب ماء
- 1 ملعقة صغيرة خل أسود
- 1 ملعقة كبيرة من نبيذ الطبخ Shao Hsing (اختياري)
- 8/1 ملعقة صغيرة دقيق ذرة

تعليمات:

a) القريدس يترك الذيل والرؤوس سليمة. اصنع شقًا في وسط القريدس والديفين. قطع السمك إلى قطع صغيرة الحجم. ينظف الحبار ويقطع إلى حلقات.

b) يُرش برفق بدقيق الذرة ويُقلى بالزيت الساخن لمدة 30 ثانية. يُصفّى ويُترك جانباً.

c) ضع صفيحة ساخنة على نار خفيفة. ادهن القليل من الزيت. سخنيها حتى تصبح ساخنة.

d) سخني الزيت وزيت السمسم في مقلاة. يقلى الزنجبيل والثوم والفلفل الحار المجفف حتى تفوح رائحته. يضاف الفطر والجزر والتوابل. أعد المأكولات البحرية إلى المقلاة. تقلى بسرعة لمدة 10-20 ثانية. يُضاف الفليفلة والبصل ويُقلب جيداً حتى يمتزج.

e) انقلي الطبق مباشرة إلى اللوح الساخن وقدميه على الفور بينما لا يزال يصدر أزيزًا.

69. سمك كامل مطهو على البخار مع الزنجبيل والبصل الأخضر

مكونات:

للصيد

- 1 سمكة بيضاء كاملة ، حوالي 2 رطل ، وجها لوجه ونظيفة
- كوب ملح كوشير للتنظيف
- 3 بصل أخضر مقطع إلى 3 إنش
- 4 شرائح زنجبيل طازج مقشرة ، حجم كل منها حوالي ربع
- 2 ملاعق طعام من نبيذ الأرز شاوشينغ

للصلصة

- 2 ملاعق كبيرة صلصة الصويا الخفيفة
- 1 ملعقة طعام زيت سمسم
- 2 ملاعق صغيرة سكر

لتحجيم زيت الزنجبيل

- 3 ملاعق كبيرة زيت نباتي
- ملعقتان كبيرتان من الزنجبيل الطازج المقشر والمقطع إلى شرائح رفيعة
- 2 بصل أخضر مقطع إلى شرائح رفيعة
- بصل أحمر مقطع شرائح رقيقة (اختياري)
- الكزبرة (اختياري)

تعليمات:

a) افركي السمك من الداخل والخارج بملح الكوشر. اشطف السمك واتركه حتى يجف بالمناشف الورقية.

b) على طبق كبير بما يكفي لتناسب سلة الخيزران البخارية ، اصنع سريرًا باستخدام نصف كل من البصل الأخضر والزنجبيل. نضع السمك على الوجه ونحشى البصل الأخضر المتبقي والزنجبيل داخل السمك. اسكب نبيذ الأرز على السمك.

c) اشطف سلة البخار المصنوعة من الخيزران وغطائها تحت الماء البارد وضعها في المقلاة. صب حوالي 2 بوصة من الماء البارد ، أو حتى يصبح فوق الحافة السفلية للبخار بحوالي إلى بوصة ، لكن ليس مرتفعًا لدرجة أن الماء يلامس قاع السلة. اجلب الماء ليغلي.

d) ضع الطبق في سلة الطهي بالبخار وقم بتغطيته. اطهي السمك على نار متوسطة لمدة 15 دقيقة (أضف دقيقتين لكل نصف رطل أكثر). قبل إخراجها من المقلاة ، قم بوخز السمكة بشوكة بالقرب من الرأس. إذا تقشر اللحم ، فقد انتهى. إذا كان اللحم لا يزال يلتصق ببعضه البعض ، اطهيه على البخار لمدة دقيقتين إضافيتين.

e) أثناء تبخير السمك ، في مقلاة صغيرة ، قم بتسخين فول الصويا الخفيف وزيت السمسم والسكر على نار خفيفة ، واتركهم جانبًا.

f) بمجرد طهي السمك ، انقله إلى طبق نظيف. تخلصي من سائل الطهي والمواد العطرية من لوح التبخير. يُسكب مزيج صلصة الصويا الدافئ فوق السمك. ضع الخيمة بورق الألمنيوم للحفاظ على دفئها أثناء تحضير الزيت.

70. بريم مشوي بالشمر

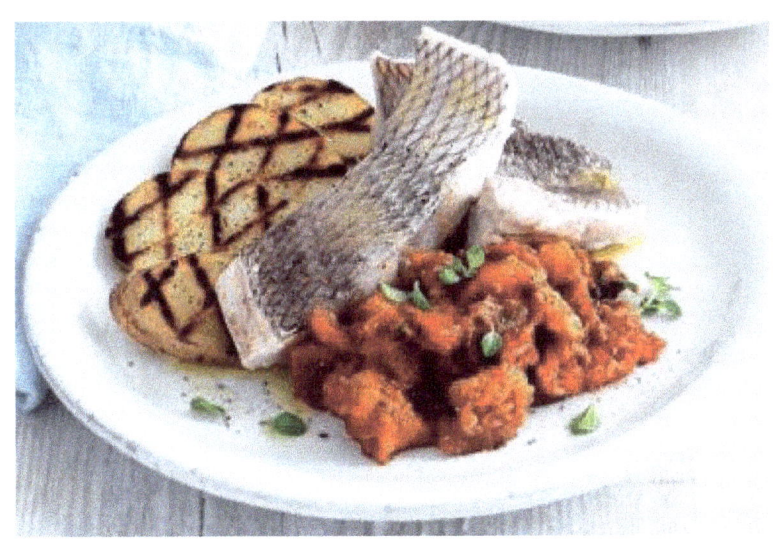

يصنع: 1 جزء

مكونات:

- 4 سمك فيليه بريم
- زيت الزيتون للدهن
- 10 الكراث. مقشر ، مجزأ
- 4 جزر مقسمة بدقة
- 1 شمر كامل محفور ، نصف
- 2 رشة زعفران
- النبيذ الأبيض الحلو
- 1 لتر مرق سمك
- 1 لتر دبل قشطة
- برتقالة عصير
- 1 حزمة كزبرة ناعما مكعبات

تعليمات:

a) يُطهى الجزر والكراث والشمر والزعفران في زيت الزيتون دون تلوين لمدة 3-4 دقائق. غطي الخضار بمقدار ثلاثة أرباع بالنبيذ وتقليلها تمامًا.

b) نضيف مرق السمك ونخفضه بمقدار الثلث. تحقق من الجزر أثناء التقليل وإذا تم طهيه فقط ، صفي الخمور من الخضار وأعد الخمور إلى المقلاة لتقليل المزيد. ضع الخضار جانبًا.

c) أضف الكريم إلى المحلول المختزل وقلل من كثافته قليلاً. ادهن شرائح الدنيس بزيت الزيتون واترك جانب القشرة لأسفل.

d) أضيفي عصير البرتقال إلى المرق المخفّض وأعيدي الخضار إلى المقلاة. تبّل وقدم مع السمك.

160

71. أسياخ المأكولات البحرية المزججة بالتفاح

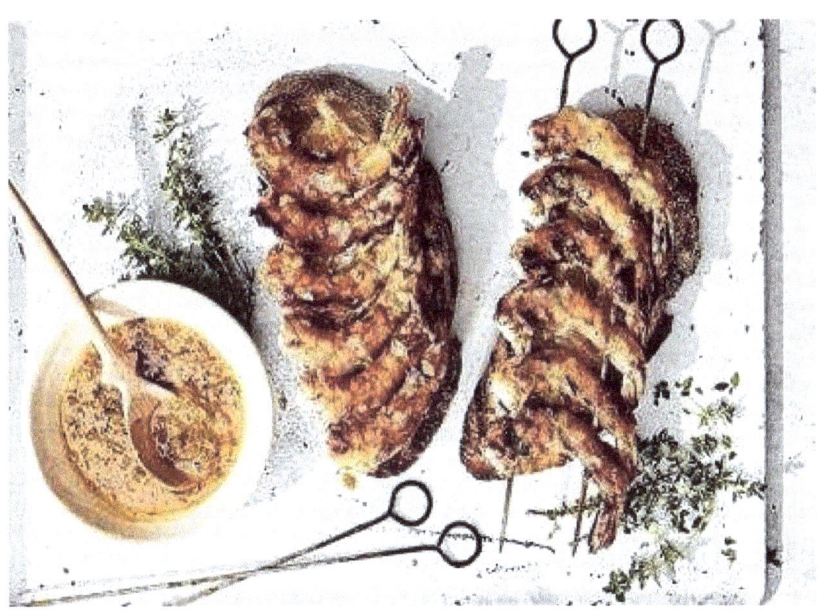

يجعل: 6 حصص

مكونات:

- 1 علبة من عصير التفاح المركز
- 1 ملعقة كبيرة زبدة وخردل ديجون
- 1 فلفل أحمر حلو كبير
- 6 شرائح لحم مقدد
- 12 اسقلوب البحر
- 1 رطل من الروبيان المقشر منزوع العرق (حوالي 36)
- 2 ملاعق كبيرة بقدونس مفروم

تعليمات:

a) في قدر عميق ثقيل ، يُغلى عصير التفاح المركز على نار عالية لمدة 7 10 دقائق أو حتى ينخفض إلى حوالي نصف كوب. يُرفع عن النار ويُخفق في الزبدة والخردل حتى يصبح ناعمًا. اجلس جانبا. نقطع الفلفل إلى نصفين ونخرج البذور والساق ونقطع الفلفل إلى 24 قطعة. قطع شرائح لحم الخنزير المقدد إلى نصفين بالعرض ، ولف كل أسقلوب بقطعة من لحم الخنزير المقدد.

b) أسياخ الفلفل والاسكالوب والروبيان بالتناوب على 6 أسياخ. ضع الأسياخ على الشواية بالزيت. يُشوى على نار معتدلة لمدة 2-3 دقائق ، مع التحميص بطبقة من عصير التفاح وتدويره كثيرًا ، حتى يصبح الأسقلوب معتمًا ، والروبيان وردي والفلفل طريًا. تقدم مع البقدونس.

72. أسياخ السمك المشوية

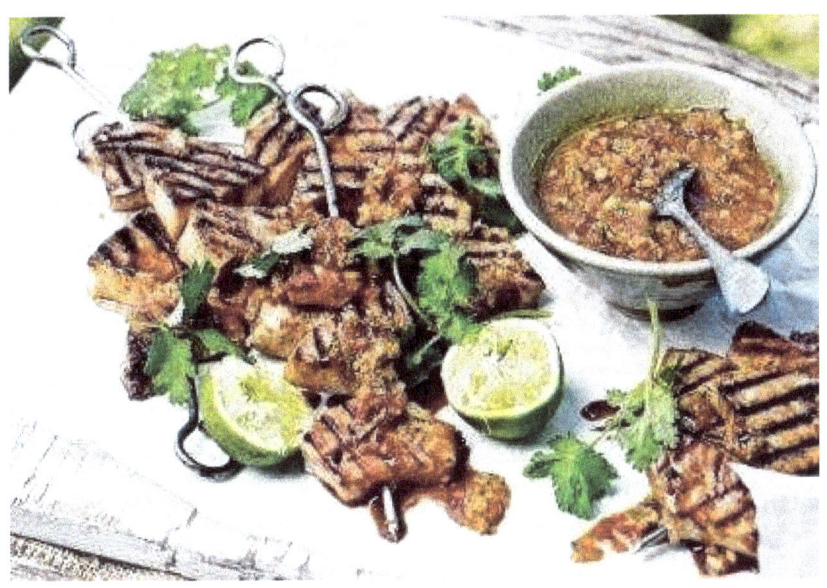

يصنع: 4 حصص

مكونات:

- 1 رطل سمكة بيضاء صلبة
- 1 ملعقة صغيرة ملح
- 6 فصوص ثوم
- 1½ بوصة من الزنجبيل الطازج
- 1 ملعقة كبيرة جارام ماسالا
- 1 ملعقة كبيرة كزبرة مطحونة
- 1 ملعقة صغيرة فلفل حريف
- 4 أونصات زبادي سادة
- 1 ملعقة طعام زيت نباتي
- 1 ليمون
- 2 حبة فلفل أخضر حار

تعليمات:

a) ثم تقطع فيليه وجلد السمك إلى مكعبات 2/11 بوصة. ضعي حوالي 5 قطع على كل سيخ ورشي الملح.

b) اصنع عجينة من الثوم والزنجبيل والتوابل واللبن واستخدمها لتغطية السمك. اتركيها لبضع ساعات ، ثم اشويها.

c) يمكن رش الأسياخ بقليل من الزيت أثناء الطهي إذا لزم الأمر. تُزين بالليمون المقطّع إلى أسافين وحلقات رفيعة من الفلفل الأخضر الحار.

أنابيب نباتية

73. سيزلرز الخضار

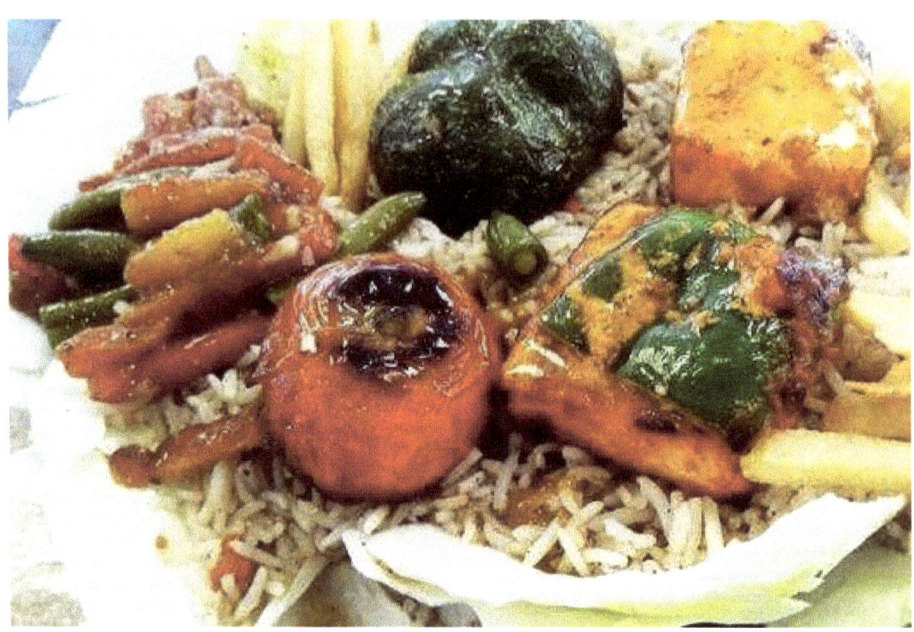

يصنع: حصة واحدة

مكونات:

- 1 حبة متوسطة الحجم من الفليفلة
- 1 طماطم متوسطة الحجم ناضجة و متماسكة
- 1 جزرة مسلوقة مقطعة إلى شرائح 2/1 بوصة
- 1 كوب ملفوف مبشور
- 2 بطاطس مسلوقة و مقشرة
- 1 بصلة مقطعة إلى حلقات أو شرائح
- 3 فاصوليا مسلوقة ومقطعة. (3 إلى 4)
- 1 كوب أرز مسلوق
- 1 كوب نودلز مسلوقة أو إسباجيتي
- 1 ملعقة صغيرة من مسحوق الفلفل الأحمر
- 1 ملعقة صغيرة كاتشب طماطم
- نصف ملعقة صغيرة صلصة الصويا
- 1 ملعقة صغيرة دقيق الذرة
- 1 ملعقة كبيرة فتات الخبز المجفف. بخير
- 1 ملعقة كبيرة زبدة
- ملح للتذوق
- 1 ملعقة طعام زيت
- الزنجبيل والثوم

a) اهرسي حبة بطاطس جيداً وقطعي أصابع الأخرى.
b) مزيج الأرز والبطاطا المهروسة ودقيق الذرة ومسحوق الفلفل الحار وصلصة الصويا والكاتشب والملح.
c) اقطع الغطاء عن كل من الطماطم والفليفلة. اكشط الطماطم من الداخل لتشكيل أجوف.
d) ضع الفلفل في الماء المغلي حتى يعرج. صفيها واتركها حتى تجف.
e) املأ كلا من الطماطم والفليفلة بحشوة الأرز. فرشاة مع القليل من الزبدة. ابقى جانبا
f) تُشكّل فطيرة من الخليط المتبقي وتُقلى بالزيت. ابقى جانبا.

لتجميع الحجم:

g) سخني صينية سيزلر ، ضعي نصف زبدة في المنتصف ، أضيفي جميع الخضار والملح وقليها.

h) ادفع إلى الجوانب ، ضع الزبدة المتبقية في المنتصف. أضيفي النودلز ، ورشي الملح والفلفل وقلبي.

i) ادفع إلى الجوانب داخل الخضار. ضعي الفليفلة والطماطم والفطيرة في المنتصف.

j) استدر بحذر لأزيز في كل مكان.

k) انقل الدرج إلى الحاوية الخشبية الخاصة به.

l) اجعل الصينية ساخنة جدًا قبل التقديم ورشي القليل من الخل الأبيض على نار هادئة.

m) قدمي المواسير ساخنة مع الصلصة ولفائف الثوم وما إلى ذلك.

74. سيزلر الخضار الصينية

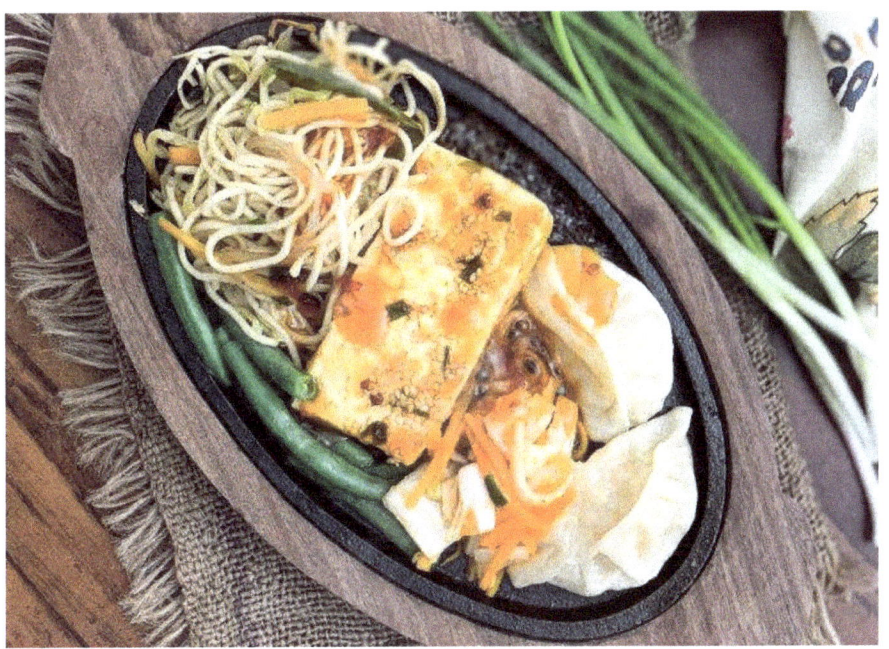

مكونات:

- كما هو مطلوب نفس ما ورد في محشي الطماطم والفليفلة
- كما هو مطلوب نفس ما ورد في المعكرونة والمعكرونة
- حسب متطلبات الزيت والزبدة
- كما هو مطلوب بطاطس مقلية

تعليمات:

a) ضعي صحن كبير ضعي أوراق الكرنب وضعي الطماطم والفليفلة ثم ضعي الخضار الصينية المعكرونة والمعكرونة

b) نضيف المعكرونة والمعكرونة على الطبق ونضيف البطاطس المقلية ونضعها على النار عن طريق وضع الزيت أو الزبدة ونقدمها ساخنة مع المايونيز والكاتشب.

Peri peri Paneer sizzler .75

مكونات:

- 1 كوب بانير
- 1 حبة فليفلة مفرومة خشنة
- 1 بصلة مفرومة خشنة
- 1 كوب بطاطس مقلية
- 1 ملعقة كبيرة صلصة باربيكيو
- 1 ملعقة كبيرة صلصة طماطم
- 1 ملعقة كبيرة صلصة بيري بيري
- 1 كوب أرز مطبوخ
- 1 جزرة مفرومة
- 1 ملعقة كبيرة ذرة حلوة مسلوقة

تعليمات:

a) نقع البانير بإضافة جميع الصلصات والبهارات ، ونخلطها جيداً ونتركها جانباً لمدة نصف ساعة. بعد تتبيلها ، تحمص في مقلاة حتى يتحول لونها إلى اللون البني الذهبي

b) نأخذ مقلاة وزيت ونقلي جميع الخضار ، نضيف الصلصة والتوابل والملح ونخلطها بشكل صحيح ، لا تفرط في الطهي ، فقط نقليها لبعض الوقت وأزلها. يُضاف الزيت في نفس المقلاة ويُضاف البصل ويُقلى لبعض الوقت ويُضاف الفليفلة ويُقلى لبعض الوقت ويُضاف جميع صلصة الماسالا ويُمزج جيدًا.

c) قم بتجميعها في طبق التقديم ، عن طريق ترتيب البانر في المنتصف ، جانب واحد من الأرز المقلي والخضروات السوتيه والبطاطس المقلية على جانب واحد ، لتسخين مقلاة كبيرة على نار عالية ، واستمر في تقديم طبق من الأزيز إذا. والزبدة والماء على الجانب استمتع بأزيز بانير الخاص بك.

76. مومباي سيزلر

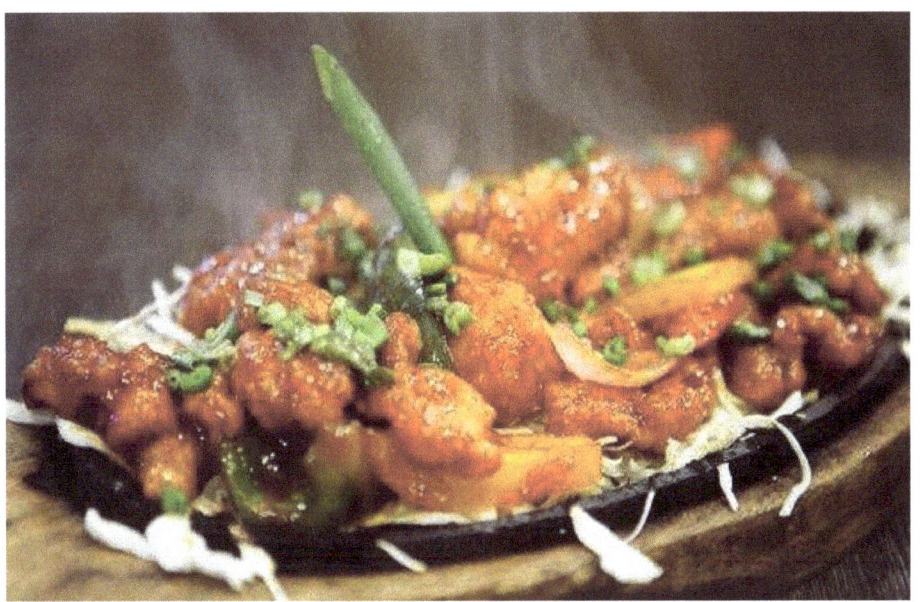

مكونات:
- خضروات للسلق
- 1 كوب بازلاء خضراء
- 1 جزرة كبيرة
- نصف كوب فاصوليا فرنسية
- 7-8 زهيرات من القرنبيط
- 1 كوب كرنب
- 1 بطاطس
- 3 حبات بصل كبيرة مفرومة ناعماً
- 3 معجون طماطم كبير
- 1 ملعقة صغيرة معجون ثوم
- 1 ملعقة صغيرة معجون الزنجبيل
- 1 فليفلة مفرومة ناعماً
- 1 ملعقة صغيرة معجون فلفل أحمر
- 1 ملعقة صغيرة جيرا
- 3-4 ملاعق كبيرة باف باجي ماسالا
- 3 ملاعق كبيرة زبدة
- 1 ملعقة طعام زيت
- على النحو المطلوب باف
- حسب الطلب اوراق الكزبرة للتزيين
- أوراق الملفوف كما هو مطلوب لصفيحة سيزلر
- 2-3 مكعبات من الزبدة الباردة

تعليمات:

a) اسلقي البازلاء الخضراء والجزر والملفوف والقرنبيط جميع الخضار في طنجرة الضغط. ضع جانبا لا تتخلص من الماء.

b) في وعاء ثقيل القاع أضف الزيت وملعقتين كبيرتين من الزبدة. أضف الجيرة. عندما تنضج يضاف البصل ويقلى حتى يصبح نصف شفاف.

c) أضف الآن الفليفلة واقليها لمدة دقيقتين. أضف الآن باف باجي ماسالا واقليه لمدة دقيقتين. أضف الآن الخضار المسلوقة وهرسها جيدًا باستخدام الهريس. تخلط جيدا وتقلى لمدة 4 إلى 5 دقائق.

d) أضف الآن معجون الطماطم إليه واتركه يطهى حتى يفرز الزيت. حان الوقت لإضافة الماء المتبقي بعد سلق الخضار. يمكنك إضافة المزيد من الماء إذا لزم الأمر.

e) غطيها واطبخيها لبعض الوقت. في غضون فترة سترى النفط يخرج.

f) الآن نأخذ الرصيف ويقطع إلى نصفين. ضعي الزبدة على طاوة ورشي بعض باف باجي ماسالا وافركي عليها.

g) باف وباجي جاهزان الآن. الآن احتفظ بصفيحة الأزيز على الغاز. عندما يكون الطبق ساخنًا ، ضعي أوراق الكرنب فوقه وضعي الباجي على جانب ورصيه على الجانب الآخر جنبًا إلى جنب مع البصل المفروم وأوتاد الليمون. ضعي مكعبات الزبدة على جوانب السيزلر وقدميها على الفور لأحبائك.

77. الباذنجان والتوفو في صلصة الثوم الأزيز

مكونات:

● 6 أكواب ماء زائد 1 ملعقة كبيرة مقسمة
● 1 ملعقة كبيرة ملح كوشير
● 3 باذنجان صيني طويل (حوالي نصف رطل) ، مقلّم ومقطع قطريًا إلى قطع بحجم 1 بوصة
● ½1 ملعقة كبيرة نشا ذرة مقسمة
● 1 ملعقة كبيرة صلصة صويا خفيفة
● 2 ملاعق صغيرة سكر
● نصف ملعقة صغيرة صلصة الصويا الداكنة
● 3 ملاعق كبيرة زيت نباتي ، مقسمة
● 3 فصوص ثوم مفرومة
● 1 ملعقة صغيرة زنجبيل مقشر طازج مفروم
● ½ رطل من التوفو المقطّع إلى مكعبات بحجم إنش

تعليمات:

a) في وعاء كبير ، اخلطي 6 أكواب من الماء والملح. حركي لمدة قصيرة حتى يذوب الملح وتضاف قطع الباذنجان. ضع غطاء قدر كبير في الأعلى لإبقاء الباذنجان مغمورًا في الماء واتركه لمدة 15 دقيقة. صفي الباذنجان واتركيه حتى يجف بالمناشف الورقية. ضعي الباذنجان في وعاء مع رش نشا الذرة ، حوالي 1 ملعقة كبيرة.

b) في وعاء صغير ، قلبي ما تبقى من نصف ملعقة كبيرة من نشا الذرة مع الملعقة الكبيرة المتبقية من الماء وفول الصويا والسكر وفول الصويا الداكن. اجلس جانبا.

c) قم بتسخين مقلاة على نار متوسطة عالية حتى تصدر قطرة ماء وتتبخر عند التلامس. اسكبي 2 ملاعق كبيرة من الزيت ولفيها لتغطي قاعدة المقلاة وعلى جوانبها. رتبي الباذنجان في طبقة واحدة في المقلاة.

d) احرق الباذنجان على كل جانب لمدة 4 دقائق لكل جانب. يجب أن يكون الباذنجان متفحمًا قليلاً وبنيًا ذهبيًا. اخفض الحرارة إلى متوسطة إذا بدأ الدخان في المقلاة. انقل الباذنجان إلى وعاء وأعد المقلاة إلى النار.

e) أضيفي الملعقة الكبيرة المتبقية من الزيت وحركي الثوم والزنجبيل حتى يصبحا رائحتين وأزيزًا ، لمدة 10 ثوانٍ تقريبًا. يُضاف التوفو ويُقلب لمدة دقيقتين إضافيتين ، ثم يُعاد الباذنجان إلى المقلاة. قلبي الصلصة مرة أخرى واسكبيها في المقلاة ، مع تقليب جميع المكونات معًا حتى تصبح الصلصة كثيفة إلى قوام غامق ولامع.

f) انقلي الباذنجان والتوفو إلى طبق وقدميهما ساخنين.

78. سيزلر خضار هندي

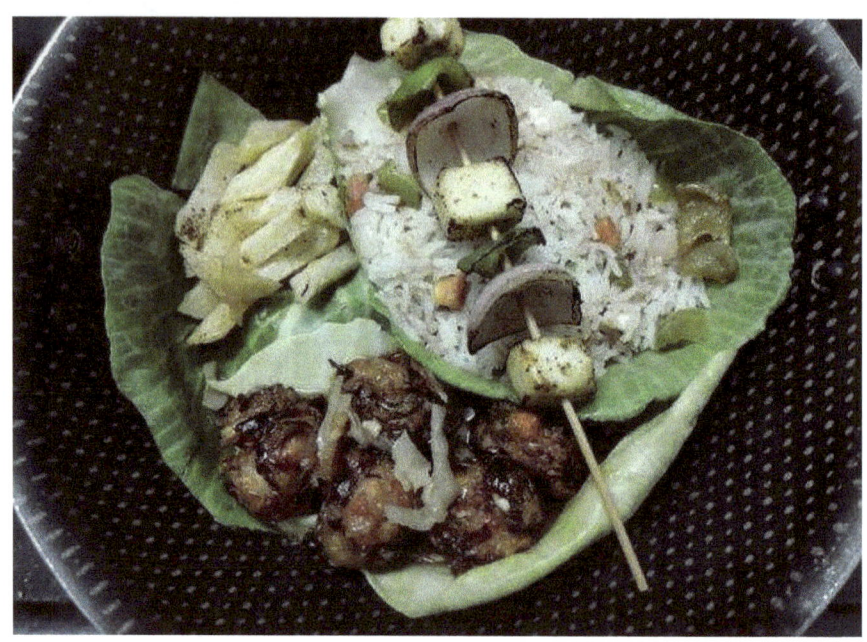

مكونات:

- الخضار حسب الحاجة مثل الملفوف والفليفلة والجزر والفول
- 2 ملعقة كبيرة دقيق ذرة ودقيق متعدد الأغراض لتجليد الكرات
- 2 ملعقة كبيرة صلصة فلفل أحمر
- 2 ملعقة صغيرة صوص صويا
- 2 ملعقة صغيرة معجون الفلفل الأخضر والزنجبيل والثوم لكل منهما
- حسب الذوق ملح
- حسب الحاجة زيت للقلي
- 2 كوب أرز مسلوق
- 1-2 بطاطس لأوتاد البطاطس
- 100 جرام بانير
- 1 بصلة صغيرة
- 1 فليفلة صغيرة
- 1 ملعقة صغيرة مسحوق فلفل أسود
- 1 ملعقة صغيرة مسحوق مانجو جاف
- 1 ملعقة صغيرة جارام ماسالا
- 2 ملعقة صغيرة من طحين الذرة
- 2 ملعقة كبيرة زبدة ثوم
- 2 ملعقة كبيرة معجون ثوم زنجبيل

تعليمات:

a) اولا وقبل كل شئ نقطع الخضار ونصنع كرات للمنشوريين نضيف الفلفل الاخضر ومعجون الزنجبيل والثوم والملح وصلصة الفلفل الاحمر والطحين نخلطهم جيدا ونلفهم في كرات صغيرة

b) قم بغمس القلي أو قليها بشكل ضحل. نقطع البطاطس ونقطعها إلى شرائح ونقليها بشكل ضحل

c) يقلى الأرز عن طريق إضافة زبدة الثوم إلى القليل من الزيت ويضاف الزنجبيل والثوم ويقلى لمدة ثانية ثم يضاف الخضار وصلصة الفلفل الأحمر والملح حسب الرغبة

d) حافظ على جانب من الأرز

e) الآن خذ البانير والفليفلة والبصل ونقعها برش مسحوق الفلفل ومسحوق المانجو الجاف وجارام ماسالا والملح. قم بتحريفها في سيخ وشويها أو شويها.

f) حضري الصلصة ، لتسخين الزيت في مقلاة ، أضيفي الزيت ثم أضيفي القليل من الماء والملح وصلصة الصويا وصلصة الفلفل الأحمر وأخيراً طحين الذرة يغليهم في الصلصة السميكة.

g) حان الوقت الآن لتجميع Sizzler. خذ طبقًا ساخنًا أو قم بتسخينهم جيدًا وضع بعض أوراق الملفوف أيضًا بعض الكرنب المفروم ثم ضع كل شيء على حدة وقم بتغطيته بصلصة الصويا الفلفل واستمتع بالأزيز

79. متبل التوفو والطماطم

يصنع: 4 أكواب (948 مل)

مكونات:

- 2 ملاعق كبيرة زيت
- 1 ملعقة كبيرة من بذور الكمون
- 1 ملعقة صغيرة مسحوق كركم
- 1 بصلة متوسطة حمراء أو صفراء مقشرة ومفرومة
- قطعة واحدة (2 بوصة [5 سم]) من جذر الزنجبيل ، مقشرة ومبشورة أو مفرومة
- 6 فصوص ثوم مقشرة ومبشورة أو مفرومة
- 2 طماطم متوسطة الحجم مقشرة (اختياري) ومفرومة
- 2-4 فلفل تايلاندي أخضر أو سيرانو أو حريف ، مفروم
- 1 ملعقة كبيرة معجون طماطم
- 1 ملعقة كبيرة جارام ماسالا
- 1 ملعقة كبيرة من أوراق الحلبة المجففة ، مطحونة قليلاً باليد لإطلاق نكهتها
- 1 كوب (237 مل) ماء
- 2 ملاعق صغيرة ملح البحر الخشن
- 1 ملعقة صغيرة من مسحوق الفلفل الأحمر أو الفلفل الحار
- 2 حبة متوسطة الحجم من الفليفلة الحلوة ، منزوعة البذور ومقطعة إلى مكعبات (2 كوب)
- عبوتان (14 أونصة [397 جم]) من التوفو العضوي شديد الصلابة ، مخبوز ومكعب

تعليمات:

a) في مقلاة كبيرة ثقيلة ، سخني الزيت على نار متوسطة عالية.
b) أضف الكمون والكركم. اطبخي حتى تنفجر البذور ، حوالي 30 ثانية.
c) أضف البصل وجذر الزنجبيل والثوم. يُطهى لمدة 2 إلى 3 دقائق ، حتى يصبح لونه بنيًا خفيفًا ، مع التحريك من حين لآخر.
d) أضيفي الطماطم والفلفل الحار ومعجون الطماطم وجارام ماسالا والحلبة والماء والملح ومسحوق الفلفل الأحمر. خففي الحرارة قليلاً واتركيها على نار هادئة بدون غطاء لمدة 8 دقائق.
e) أضيفي الفليفلة واطبخي لمدة دقيقتين إضافيتين. أضيفي التوفو واخلطيهم بلطف. يُطهى لمدة دقيقتين إضافيتين ، حتى يسخن تمامًا. يقدم مع أرز بسمتي بني أو أبيض ، روتي أو نان.

80. هاش البطاطس بالكمون

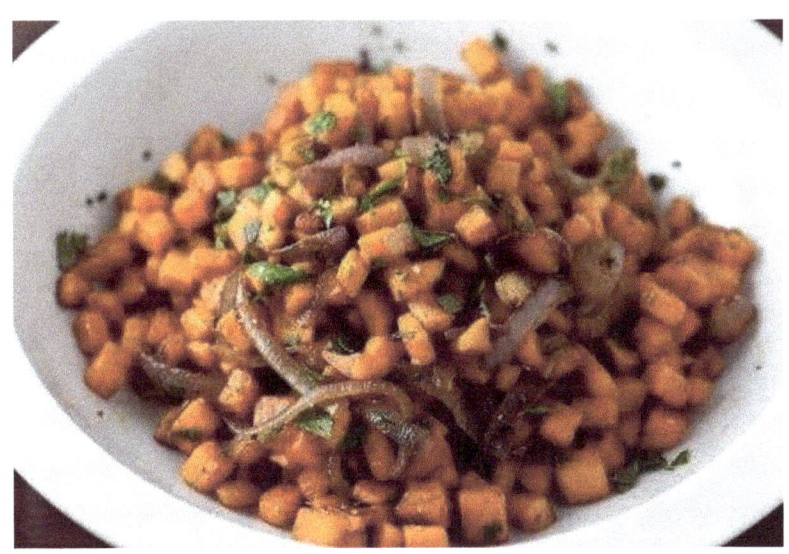

يصنع: 4 أكواب (948 مل)

مكونات:

- 1 ملعقة طعام زيت
- 1 ملعقة كبيرة بذور كمون
- نصف ملعقة صغيرة حلتي
- نصف ملعقة صغيرة مسحوق كركم
- ملعقة صغيرة مسحوق مانجو (أمشور)
- 1 بصلة صغيرة صفراء أو حمراء ، مقشرة ومقطعة إلى مكعبات
- قطعة واحدة من جذر الزنجبيل مقشرة ومبشورة أو مفرومة
- 3 حبات بطاطس كبيرة مسلوقة (أي نوع) مقشرة ومقطعة إلى مكعبات (4 أكواب [600 جم])
- 1 ملعقة صغيرة ملح البحر الخشن
- 1-2 فلفل تايلاندي أخضر أو سيرانو أو حريف ، تمت إزالته من السيقان ومقطع إلى شرائح رقيقة
- نصف كوب (4 جم) كزبرة طازجة مفرومة ، عصير نصف ليمونة

تعليمات:

a) في مقلاة عميقة ثقيلة ، سخني الزيت على نار متوسطة عالية.
b) أضيفي الكمون ، الحلتيت ، الكركم ، ومسحوق المانجو. اطبخي حتى تنفجر البذور ، حوالي 30 ثانية.
c) أضف البصل وجذر الزنجبيل. يُطهى لمدة دقيقة أخرى مع التحريك لمنع الالتصاق.
d) نضيف البطاطس والملح. تخلط جيدا وتطهى حتى تسخن البطاطس.
e) ضع فوقها الفلفل الحار والكزبرة وعصير الليمون. يُقدم كطبق جانبي مع روتي أو نان أو ملفوف في فورة أو دوسة. هذا رائع كملء لساندويتش الخضار أو حتى يتم تقديمه في كوب الخس.

81. هاش بطاطس بذور الخردل

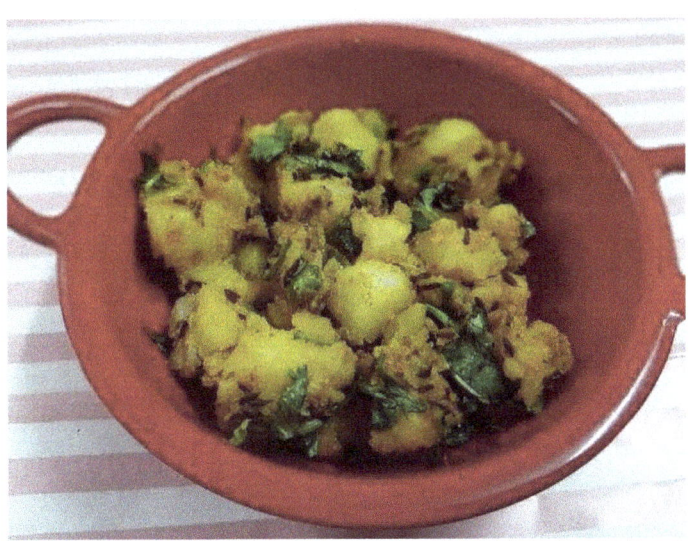

يصنع: 4 أكواب (948 مل)

مكونات:
● 1 ملعقة كبيرة مقسمة غرام (شانا دال)
● 1 ملعقة طعام زيت
● 1 ملعقة صغيرة مسحوق كركم
● 1 ملعقة صغيرة من بذور الخردل الأسود
● 10 أوراق كاري ، مفرومة تقريبًا
● 1 بصلة صغيرة صفراء أو حمراء ، مقشرة ومقطعة إلى مكعبات
● 3 حبات بطاطس كبيرة مسلوقة (أي نوع) مقشرة ومقطعة إلى مكعبات (4 أكواب [600 جم])
● 1 ملعقة صغيرة ملح أبيض خشن
● 1-2 فلفل تايلاندي أخضر أو سيرانو أو حريف ، تمت إزالته من السيقان ومقطع إلى شرائح رفيعة

تعليمات:
a) انقعي الجرام المقسوم في ماء مغلي بينما تحضرين باقي المكونات.

b) في مقلاة عميقة ثقيلة ، سخني الزيت على نار متوسطة عالية.

c) يضاف الكركم ، والخردل ، وأوراق الكاري ، والغرام المجفف. كن حذرًا ، تميل البذور إلى الفقع وقد يتناثر العدس المنقوع بالزيت ، لذلك قد تحتاج إلى غطاء. يُطهى لمدة 30 ثانية مع التحريك لمنع الالتصاق.

d) أضف البصل. يُطهى حتى يصبح لونه بنيًا قليلاً ، حوالي دقيقتين.

e) أضف البطاطس والملح والفلفل الحار. طهي لمدة دقيقتين إضافيتين. يُقدم كطبق جانبي مع روتي أو نان أو ملفوف في فورة أو دوسة. هذا رائع كملء لساندويتش الخضار أو حتى يتم تقديمه في كوب الخس.

82. ملفوف على الطريقة البنجابية

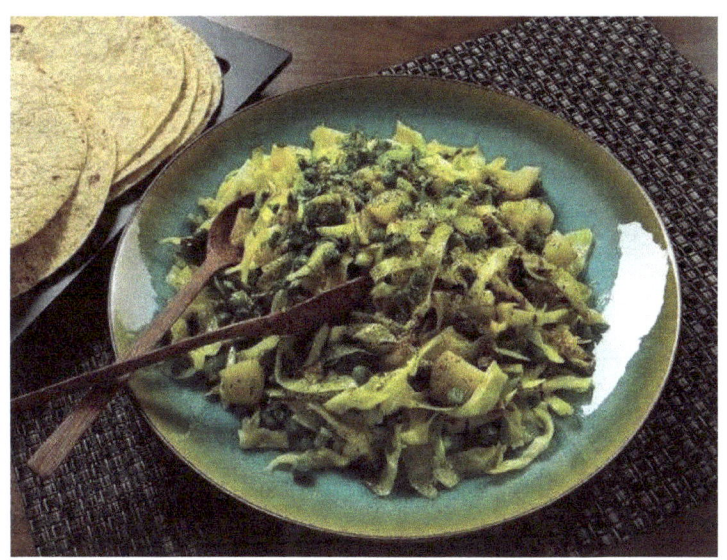

يصنع: 7 أكواب

مكونات:
- 3 ملاعق كبيرة (45 مل) زيت
- 1 ملعقة كبيرة بذور كمون
- 1 ملعقة صغيرة مسحوق كركم
- ½ بصل أصفر أو أحمر مقشر ومقطع إلى مكعبات
- قطعة واحدة من جذر الزنجبيل مقشرة ومبشورة أو مفرومة
- 6 فص ثوم مقشر ومفروم
- 1 حبة بطاطس متوسطة مقشرة ومقطعة مكعبات
- 1 ملفوف أبيض متوسط الرأس ، منزوع الأوراق الخارجية ومقطع جيدًا (حوالي 8 أكواب [560 جم])
- 1 كوب (145 جم) بازلاء طازجة أو مجمدة
- 1 فلفل تايلاندي أخضر أو سيرانو أو كايين ، منزوع الساق ومفروم
- 1 ملعقة صغيرة كزبرة مطحونة
- 1 ملعقة صغيرة كمون مطحون
- 1 ملعقة صغيرة فلفل أسود مطحون
- ملعقة صغيرة من مسحوق الفلفل الأحمر أو الفلفل الحار
- 1½ ملعقة صغيرة ملح البحر

تعليمات:
a) ضعي جميع المكونات في قدر الطهي البطيء واخلطيها برفق.
b) يُطهى على نار خفيفة لمدة 4 ساعات. يقدم مع أرز بسمتي أبيض أو بني أو روتي أو نان. هذا حشو رائع للبيتا مع القليل من رذاذ زبادي الصويا.

83. ملفوف مع بذور الخردل وجوز الهند

تكفي: 6 أكواب

مكونات:

- 2 ملاعق كبيرة من العدس الأسود الكامل المقشر
- 2 ملاعق كبيرة زيت جوز الهند
- نصف ملعقة صغيرة حلتي
- 1 ملعقة صغيرة من بذور الخردل الأسود
- 12-10 أوراق كاري ، مفرومة بشكل خشن
- 2 ملاعق كبيرة جوز هند مبشور غير محلى
- 1 ملفوف أبيض متوسط الرأس ، مقطع (8 أكواب [560 جم])
- 1 ملعقة صغيرة ملح البحر الخشن
- 2-1 فلفل تايلاندي أو سيرانو أو حريف ، تمت إزالته من السيقان ومقطع إلى شرائح بالطول

تعليمات:

a) نقع العدس في الماء المغلي حتى ينضج أثناء تحضير باقي المكونات.

b) في مقلاة عميقة ثقيلة ، سخني الزيت على نار متوسطة عالية.

c) أضيفي الحلتيت والخردل والعدس وأوراق الكاري وجوز الهند. سخن حتى تنبثق البذور ، حوالي 30 ثانية. احرص على عدم حرق أوراق الكاري أو جوز الهند. يمكن أن تخرج البذور ، لذا احتفظ بالغطاء في متناول اليد.

d) أضف الكرنب والملح. يُطهى مع التحريك بانتظام لمدة دقيقتين حتى يذبل الملفوف.

e) أضف الفلفل الحار. قدميها على الفور كسلطة دافئة أو باردة أو مع روتي أو نان.

84. سلسلة الفول مع البطاطس

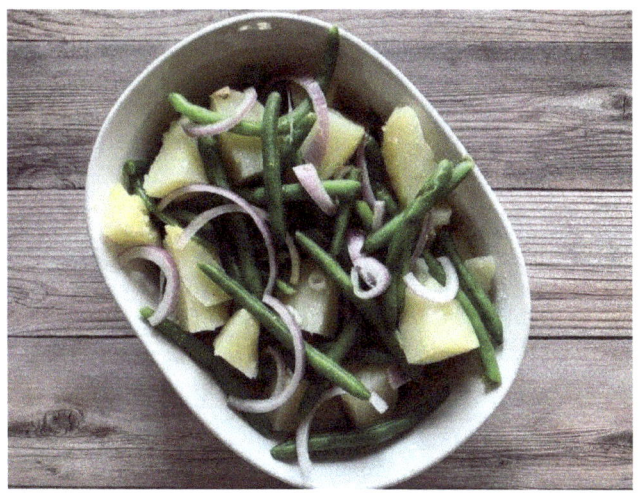

يصنع: 5 أكواب

مكونات:

- 1 ملعقة طعام زيت
- 1 ملعقة صغيرة بذور كمون
- نصف ملعقة صغيرة مسحوق كركم
- 1 بصلة متوسطة حمراء أو صفراء مقشرة ومقطعة إلى مكعبات
- قطعة واحدة من جذر الزنجبيل مقشرة ومبشورة أو مفرومة
- 3 فصوص ثوم مقشرة ومبشورة أو مفرومة
- 1 حبة بطاطس متوسطة مقشرة ومقطعة مكعبات
- نصف كوب (59 مل) ماء
- 4 أكواب (680 جم) من الفاصوليا المقطعة (بطول بوصة [13 ملم])
- 1-2 فلفل تايلاندي أو سيرانو أو حريف مقطع
- 1 ملعقة صغيرة ملح البحر الخشن
- 1 ملعقة صغيرة من مسحوق الفلفل الأحمر أو الفلفل الحار

تعليمات:

a) في مقلاة عميقة ثقيلة ، سخني الزيت على نار متوسطة عالية.
b) يُضاف الكمون والكركم ، ويُطهى المزيج حتى تنفجر البذور ، حوالي 30 ثانية.
c) أضف البصل وجذر الزنجبيل والثوم. يُطهى حتى يصبح لونه بنيًا قليلاً ، حوالي دقيقتين.
d) نضيف البطاطس ونطهو لمدة دقيقتين أخريين مع التحريك باستمرار. أضف الماء لمنع الالتصاق.
e) أضف حبوب السلسلة. يُطهى لمدة دقيقتين مع التحريك من حين لآخر.
f) أضف الفلفل الحار والملح ومسحوق الفلفل الأحمر.
g) اخفض الحرارة إلى متوسطة منخفضة وقم بتغطية المقلاة جزئيًا. يُطهى لمدة 15 دقيقة ، حتى تنضج الفاصوليا والبطاطس. أطفئ النار واتركي المقلاة مغطاة على نفس الموقد لمدة 5 إلى 10 دقائق أخرى.
h) يقدم مع أرز بسمتي أبيض أو بني أو روتي أو نان.

85. باذنجان مع بطاطا

صنع: 6 أكواب (1.42 لتر)

مكونات:
- 2 ملاعق كبيرة زيت
- نصف ملعقة صغيرة حلتي
- 1 ملعقة صغيرة بذور كمون
- نصف ملعقة صغيرة مسحوق كركم
- قطعة واحدة (2 بوصة [5 سم]) من جذر الزنجبيل ، مقشرة ومقطعة إلى أعواد ثقاب بطول بوصة (13 ملم)
- 4 فصوص ثوم مقشرة ومفرومة خشنة
- حبة بطاطس متوسطة الحجم مقشرة ومفرومة خشناً
- 1 بصلة كبيرة مقشرة ومفرومة خشنة
- 1-3 فلفل تايلاندي أو سيرانو أو حريف مقطع
- 1 طماطم كبيرة مفرومة خشنة
- 4 حبات من الباذنجان متوسطة الحجم مع الجلد ، ومقطعة إلى حد ما ، وأطراف خشبية متضمنة (8 أكواب [656 جم])
- 2 ملاعق صغيرة ملح البحر الخشن
- 1 ملعقة كبيرة جارام ماسالا
- 1 ملعقة كبيرة كزبرة مطحونة
- 1 ملعقة صغيرة من مسحوق الفلفل الأحمر أو الفلفل الحار
- 2 ملاعق كبيرة كزبرة مفرومة للتزيين

194

تعليمات:

a) في مقلاة عميقة ثقيلة ، سخني الزيت على نار متوسطة عالية.

b) أضف الحلتيت والكمون والكركم. اطبخي حتى تنفجر البذور ، حوالي 30 ثانية.

c) أضف جذر الزنجبيل والثوم. يُطهى مع التحريك المستمر لمدة دقيقة واحدة.

d) نضيف البطاطس. طهي لمدة دقيقتين.

e) يُضاف البصل والفلفل الحار ويُطهى لمدة دقيقتين إضافيتين ، حتى يصبح لونه بني قليلاً.

f) أضيفي الطماطم واطبخي لمدة دقيقتين. في هذه المرحلة ، ستكون قد أنشأت قاعدة لطبقك.

g) أضف الباذنجان. (من المهم الحفاظ على النهايات الخشبية حتى تتمكن أنت وضيوفك من مضغ وسط اللحم اللذيذ لاحقًا.)

h) يُضاف الملح وجارام ماسالا والكزبرة ومسحوق الفلفل الأحمر. طهي لمدة دقيقتين.

i) أخفضي النار ، ثم غطي المقلاة جزئياً واتركيها على النار لمدة 10 دقائق أخرى.

j) أطفئي النار وغطي المقلاة تمامًا واتركيها لمدة 5 دقائق حتى تمتزج جميع النكهات حقًا. يُزين بالكزبرة ويُقدم مع روتي أو نان.

86. براعم ماسالا بروكسل

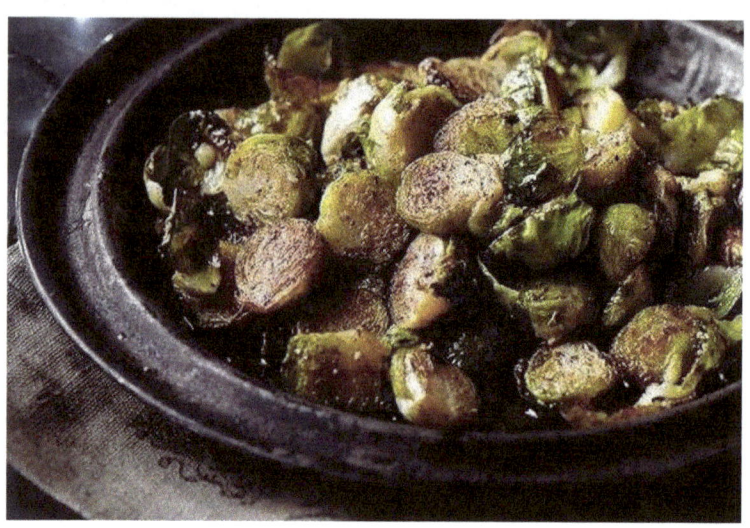

يصنع: 4 أكواب (948 مل)

مكونات:
● 1 ملعقة طعام زيت
● 1 ملعقة صغيرة بذور كمون
● 2 كوب (474 مل) جيلا ماسالا
● 1 كوب (237 مل) ماء
● 4 ملاعق كبيرة (60 مل) كريمة كاجو
● 4 أكواب (352 جم) من براعم بروكسل ، مقلمة ومقطعة إلى أنصاف
● 3-1 فلفل تايلاندي أو سيرانو أو حريف مقطع
● 2 ملاعق صغيرة ملح البحر الخشن
● 1 ملعقة صغيرة جارام ماسالا
● 1 ملعقة صغيرة كزبرة مطحونة
● 1 ملعقة صغيرة من مسحوق الفلفل الأحمر أو الفلفل الحار
● 2 ملاعق كبيرة كزبرة مفرومة للتزيين

تعليمات:
a) في مقلاة عميقة ثقيلة ، سخني الزيت على نار متوسطة عالية.
b) يُضاف الكمون ويُطهى حتى تنفجر البذور ، حوالي 30 ثانية.
c) يُضاف مرق حساء الطماطم الهندي الشمالي والماء وكريمة الكاجو وبراعم بروكسل والفلفل الحار والملح وغارام ماسالا والكزبرة ومسحوق الفلفل الأحمر.
d) يُغلى المزيج. خففي الحرارة واتركيها على نار خفيفة لمدة 10 إلى 12 دقيقة ، حتى تنضج كرنب بروكسل.
e) يُزين بالكزبرة ويُقدم فوق أرز بسمتي بني أو أبيض أو مع روتي أو نان.

87. بنجر مع بذور الخردل وجوز الهند

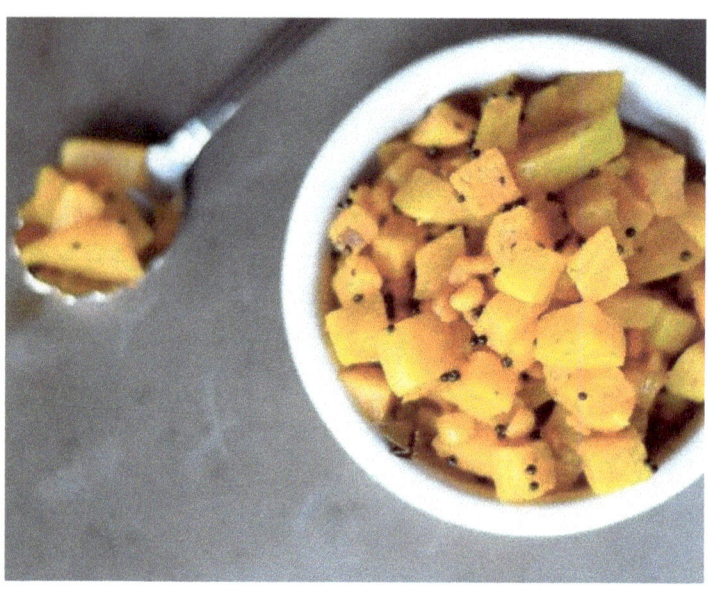

يصنع: 3 أكواب (711 مل)

مكونات:

f) 1 ملعقة طعام زيت
g) 1 ملعقة صغيرة من بذور الخردل الأسود
h) 1 بصلة متوسطة الحجم صفراء أو حمراء مقشرة ومقطعة إلى مكعبات
i) 2 ملاعق صغيرة كمون مطحون
j) 2 ملاعق صغيرة كزبرة مطحونة
k) 1 ملعقة صغيرة ماسالا جنوب الهند
l) 1 ملعقة كبيرة جوز هند مبشور غير محلى
m) 5-6 حبات شمندر صغيرة مقشرة ومقطعة مكعبات (3 أكواب [408 جم])
n) 1 ملعقة صغيرة ملح البحر الخشن
o) 1½ [356 مل] كوب ماء

تعليمات:

a) في مقلاة ثقيلة ، سخني الزيت على نار متوسطة عالية.
b) أضيفي بذور الخردل واطهيها حتى تصدر أزيزًا لمدة 30 ثانية تقريبًا.
c) يُضاف البصل ويُطهى حتى يصبح لونه بني قليلاً ، حوالي دقيقة واحدة.
d) يُضاف الكمون والكزبرة ومسالا جنوب الهند وجوز الهند. طهي لمدة 1 دقيقة.
e) يضاف البنجر ويطهى لمدة 1 دقيقة.
f) أضف الملح والماء. يُغلى المزيج ويُخفّف الحرارة ويُغطّى ويُترك على نار خفيفة لمدة 15 دقيقة.
g) أطفئي النار واتركي المقلاة مغطاة لمدة 5 دقائق حتى يمتص الطبق جميع النكهات. يقدم فوق أرز بسمتي بني أو أبيض أو مع روتي أو نان.

88. سبانخ متبل مع "بانير"

يصنع: 10 أكواب (2.37 لتر)

مكونات:

- 2 ملاعق كبيرة زيت
- 1 ملعقة كبيرة بذور كمون
- 1 ملعقة صغيرة مسحوق كركم
- 1 بصلة كبيرة صفراء أو حمراء مقشرة ومقطعة إلى مكعبات
- قطعة واحدة (2 بوصة [5 سم]) من جذر الزنجبيل ، مقشرة ومبشورة أو مفرومة
- 6 فصوص ثوم مقشرة ومبشورة أو مفرومة
- 2 طماطم كبيرة مفرومة
- 1-2 فلفل تايلاندي أو سيرانو أو حريف مقطع
- 2 ملاعق كبيرة معجون طماطم
- 1 كوب (237 مل) ماء
- 1 ملعقة كبيرة كزبرة مطحونة
- 1 ملعقة كبيرة جارام ماسالا
- 2 ملاعق صغيرة ملح البحر الخشن
- 12 كوب (360 جم) سبانخ طازجة ومعبأة بشكل كثيف
- عبوة واحدة (14 أونصة [397 جم]) صلبة جدًا ، توفو عضوي ، مخبوز ومكعبات

تعليمات:

a) في مقلاة عريضة ثقيلة ، سخني الزيت على نار متوسطة إلى عالية.
b) يُضاف الكمون والكركم ويُطهى حتى تنفجر البذور ، حوالي 30 ثانية.
c) يُضاف البصل ويُطهى حتى يصبح لونه بني ، حوالي 3 دقائق ، مع التحريك برفق حتى لا يلتصق.
d) أضف جذر الزنجبيل والثوم. طهي لمدة دقيقتين.
e) أضيفي الطماطم والفلفل الحار ومعجون الطماطم والماء والكزبرة وجارام ماسالا والملح. خففي الحرارة واتركيها على نار هادئة لمدة 5 دقائق.
f) أضف السبانخ. قد تحتاج إلى القيام بذلك على دفعات ، مع إضافة المزيد عندما تذبل. سيبدو أن لديك الكثير من السبانخ ، لكن لا داعي للقلق. سوف تطبخ كل شيء. ثق بي!
g) يُطهى لمدة 7 دقائق ، حتى تذبل السبانخ وتنضج. امزج مع الخلاط الغاطس أو في الخلاط التقليدي.
h) يُضاف التوفو ويُطهى لمدة 2 إلى 3 دقائق أخرى. تقدم مع روتي أو نان.

89. بطاطس الحلبة والسبانخ

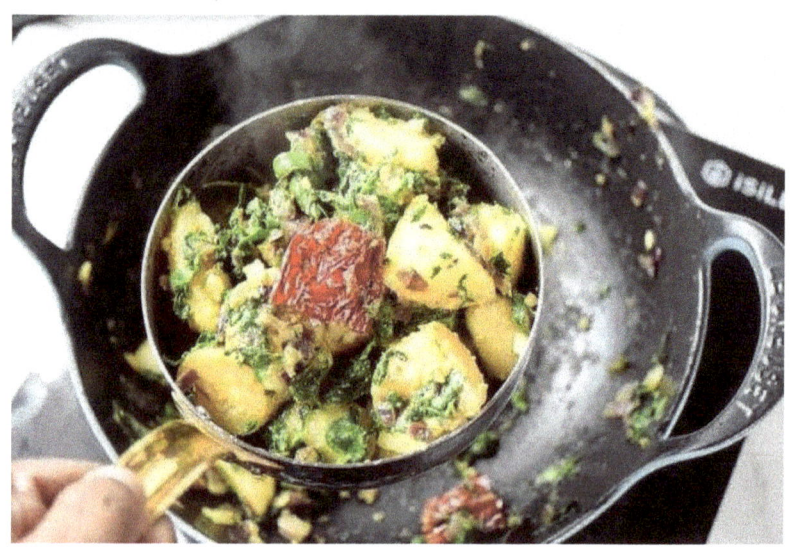

يصنع: 3 أكواب (711 مل)

مكونات:
- 2 ملاعق كبيرة زيت
- 1 ملعقة صغيرة بذور كمون
- 1 عبوة 12 أونصة سبانخ مجمدة
- 1½ كوب من أوراق الحلبة المجففة
- 1 بطاطا كبيرة مقشرة ومقطعة مكعبات
- 1 ملعقة صغيرة ملح البحر الخشن
- نصف ملعقة صغيرة مسحوق كركم
- ملعقة صغيرة من مسحوق الفلفل الأحمر أو الفلفل الحار
- نصف كوب (59 مل) ماء

تعليمات:

a) في مقلاة ثقيلة ، سخني الزيت على نار متوسطة عالية.

b) يُضاف الكمون ويُطهى حتى تنفجر البذور ، حوالي 30 ثانية.

c) أضف السبانخ وقلل الحرارة إلى متوسطة منخفضة. غطي المقلاة واطبخي لمدة 5 دقائق.

d) أضيفي أوراق الحلبة ، واخلطيها برفق ، وأعيدي الغطاء ، واتركيها على النار لمدة 5 دقائق أخرى.

e) أضيفي البطاطس والملح والكركم ومسحوق الفلفل الأحمر والماء. تخلط بلطف.

f) استبدل الغطاء واتركه يطهى لمدة 10 دقائق.

g) ارفعي المقلاة عن النار واتركيها مغطاة لمدة 5 دقائق أخرى. تقدم مع روتي أو نان.

90. طقطقة البامية

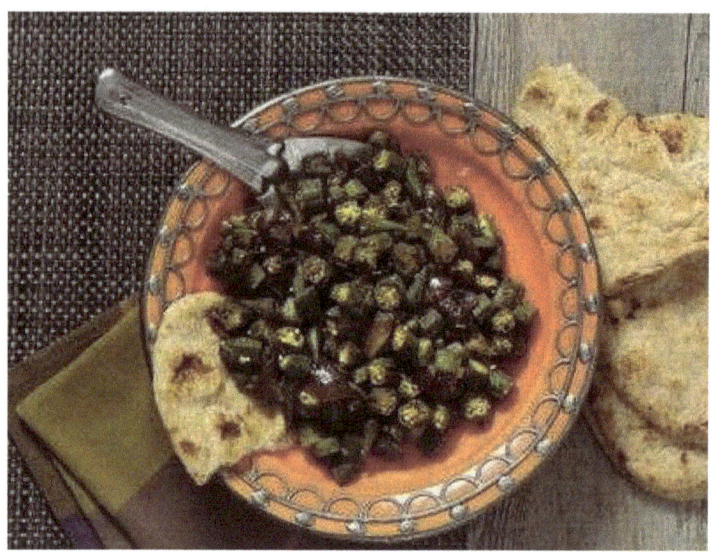

يصنع: 4 أكواب (948 مل)

مكونات:

- 2 ملاعق كبيرة زيت
- 1 ملعقة صغيرة بذور كمون
- 1 ملعقة صغيرة مسحوق كركم
- 1 بصلة كبيرة صفراء أو حمراء ، مقشرة ومفرومة خشنة جداً
- قطعة واحدة من جذر الزنجبيل مقشرة ومبشورة أو مفرومة
- 3 فصوص ثوم مقشرة ومفرومة ومبشورة
- 2 رطل بامية مغسولة ومجففة ومقطعة ومقطعة
- 2-1 فلفل تايلاندي أو سيرانو أو حريف مقطع
- نصف ملعقة صغيرة مسحوق مانجو
- 1 ملعقة صغيرة من مسحوق الفلفل الأحمر أو الفلفل الحار
- 1 ملعقة صغيرة جارام ماسالا
- 2 ملاعق صغيرة ملح البحر الخشن

تعليمات:

a) في مقلاة عميقة ثقيلة ، سخني الزيت على نار متوسطة عالية. أضف الكمون والكركم. اطبخي حتى تبدأ البذور في الأزيز ، حوالي 30 ثانية.

b) يُضاف البصل ويُطهى حتى يصبح لونه بنياً من 2 إلى 3 دقائق. هذه خطوة أساسية للبامية. يجب أن تحمر قطع البصل الكبيرة المكتنزة بالكامل وتتكرمل قليلاً. ستكون هذه قاعدة لذيذة للطبق الأخير.

c) أضف جذر الزنجبيل والثوم. يُطهى لمدة دقيقة واحدة مع التحريك من حين لآخر.

d) نضيف البامية ونطهو لمدة دقيقتين ، حتى تتحول البامية إلى اللون الأخضر الفاتح.

e) أضف الفلفل الحار ومسحوق المانجو ومسحوق الفلفل الأحمر وجارام ماسالا والملح. يُطهى لمدة دقيقتين مع التحريك من حين لآخر.

f) اخفض الحرارة إلى درجة حرارة منخفضة وقم بتغطية المقلاة جزئيًا. يُطهى لمدة 7 دقائق مع التحريك من حين لآخر.

g) أطفئ النار واضبطي الغطاء بحيث يغطي القدر بالكامل. اتركه لمدة 3 إلى 5 دقائق للسماح بامتصاص جميع النكهات.

h) يُزين بالكزبرة ويُقدم مع أرز بسمتي بني أو أبيض أو روتي أو نان.

91. سجق مشوي مع خردل حار

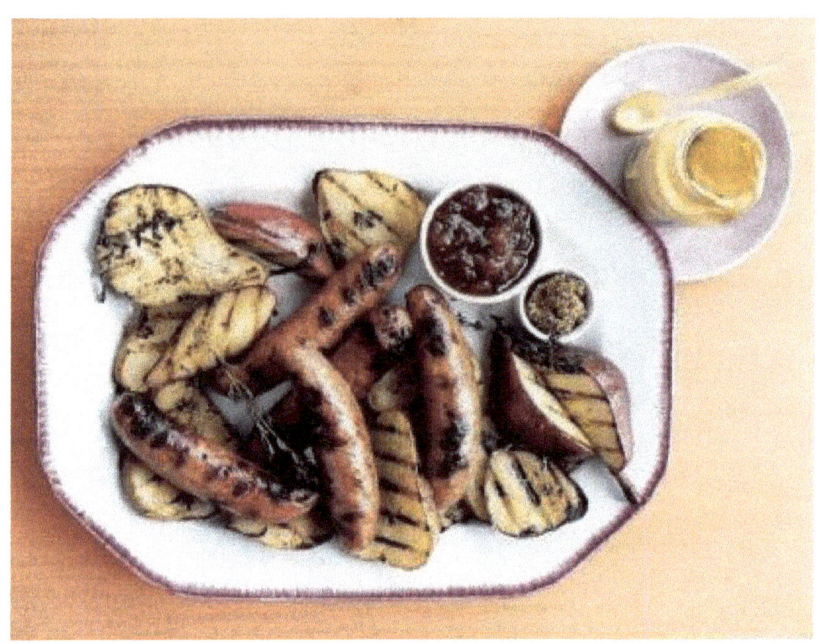

يصنع: 1 جزء

مكونات:

● سجق إيطالي معتدل -
● مشوي
● خردل حار
● أسياخ
تعليمات:

a) شواء أو شواء سجق إيطالي معتدل ؛ يُقطّع إلى قطع ويُقدّم في أسياخ ، مع الخردل الحار المفضل.

92. سجق مشوي و بورتوبيلو

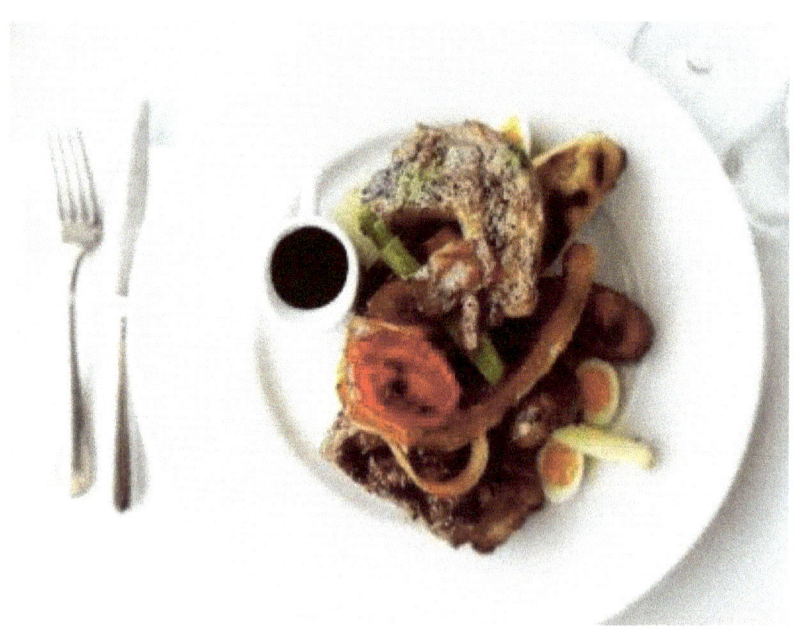

يصنع: 6 حصص

مكونات:

- 2 رطل من الطماطم نصف
- 1 فطر بورتوبيللو كبير
- 1 ملعقة طعام زيت نباتي
- 1 ملعقة صغيرة ملح؛ مقسم
- 1 جنيه نقانق إيطالية حلوة
- 2 ملاعق كبيرة زيت زيتون
- 1 ملعقة صغيرة ثوم مفروم
- نصف ملعقة صغيرة زعتر
- نصف ملعقة صغيرة فلفل مطحون طازج
- 1 رطل ريجاتوني

تعليمات:

a) شواية حرارية

b) ادهني الطماطم والفطر بالزيت النباتي وتبليها بنصف ملعقة صغيرة ملح. تُشوى على نار معتدلة حتى تنضج ، من 5 إلى 10 دقائق للطماطم و 8 إلى 12 دقيقة للفطر ، بالتناوب مرة واحدة. النقانق المشوية من 15 إلى 20 دقيقة ، بالتناوب مرة واحدة.

c) طماطم مكعبات قطعة النقانق والفطر. تحول إلى طبق كبير. يقلب في زيت الزيتون والثوم والباقي ملعقة صغيرة ملح وزعتر وفلفل.

d) تخلط مع الريجاتوني الساخن.

93. الكراث المشوي مع الشمبانيا

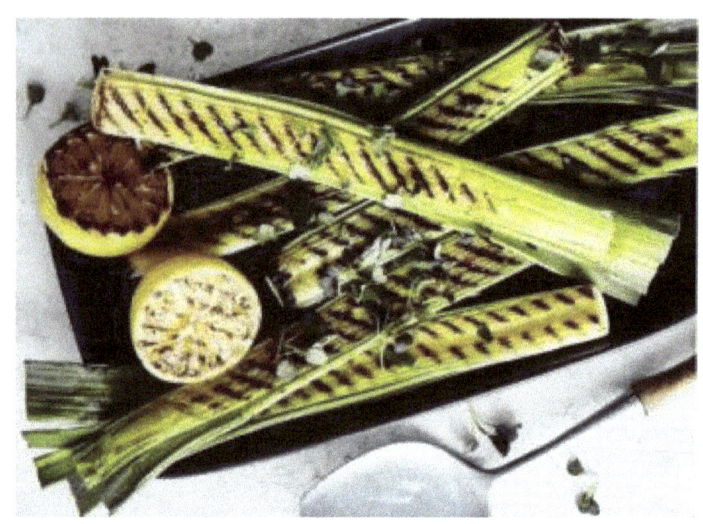

يجعل: 4 أجزاء

مكونات:

- 6 تسريبات متوسطة الحجم
- 2 ملاعق كبيرة زيت زيتون
- 1 كوب زعتر طازج مكعبات تقريبًا
- 2 كوب شمبانيا
- 1 كوب مرق دجاج
- 1 كوب جبنة فيتا مفتتة
- ملح وفلفل؛ ليتذوق

تعليمات:

a) تقليم قمم وقيعان الكراث ، وترك حوالي 2 إلى 3 بوصات من اللون الأخضر فوق الجزء الأبيض من الكراث. من منتصف الكراث المشذب ، اصنع عدة شرائح طولية باتجاه الأخضر من الكراث. اشطف الكراث جيدًا.

b) في مقلاة كبيرة ، سخني زيت الزيتون على نار معتدلة. عندما يسخن الزيت ، أضيفي الزعتر وقلبي لمدة دقيقة واحدة. يُضاف الكراث ويُحرّق لمدة 3 دقائق ، حتى يصبح لونه ذهبياً قليلاً من عدة جوانب. أضيفي الشمبانيا والمرق ، واتركي الكراث على نار هادئة لمدة 8 دقائق حتى ينضج. أخرجي الكراث من المقلاة وضعيه جانبًا.

c) استمر في طهي الصلصة على نار هادئة في المقلاة حتى تنخفض بمقدار النصف. في هذه الأثناء ، اشوي الكراث على نار متوسطة الحرارة بالفحم لمدة 8 إلى 10 دقائق ، بالتناوب عدة مرات. أخرج الكراث من الشواية وقسمه إلى نصفين بالطول.

d) قدميه على الفور ، مع إضافة القليل من جبنة الفيتا وقليل من الصلصة المخففة إلى كل جزء

94. شيتاكس مشوي على الفحم

يجعل: 4 أجزاء

مكونات:

- 8 أونصات شيتاكس
- 1 ملعقة طعام زيت زيتون
- 1 ملعقة طعام تماري
- 1 ملعقة كبيرة ثوم مهروس
- 1 ملعقة صغيرة إكليل الجبل المفروم
- ملح وفلفل أسود
- 1 ملعقة صغيرة شراب القيقب
- 1 ملعقة صغيرة زيت سمسم
- ادامامي

تعليمات:

a) اشطف الفطر. اخرج وتجاهل السيقان. اخلطي الفطر مع المكونات المتبقية واتركيه لمدة 5 دقائق. أغطية الشواء فوق الفحم حتى تحترق قليلاً.

b) يُزين بالادامامي.

95. خضروات مشوية

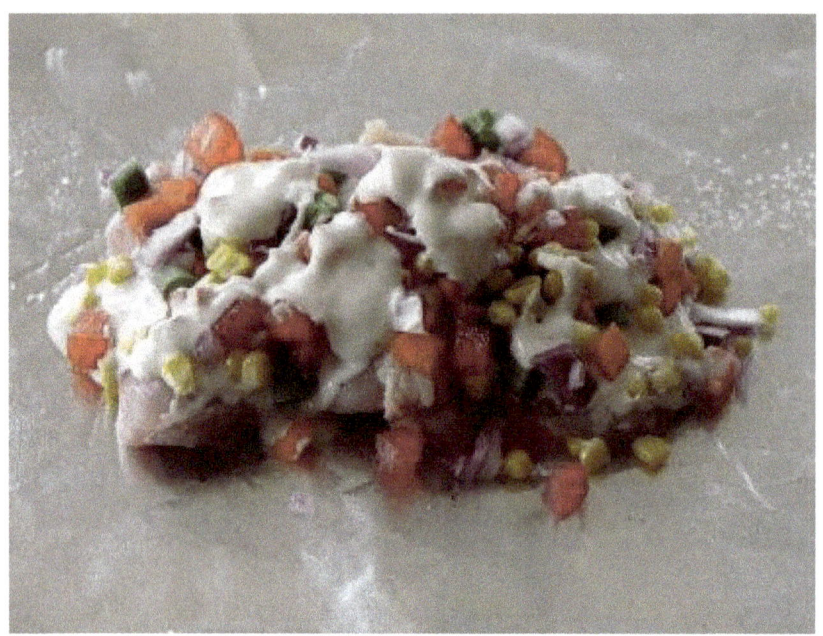

يجعل: 4 أجزاء

مكونات:

- 8 طماطم كرزية - نصف حتى 10
- 1½ كوب ذرة مقطعة من الكوز
- 1 فلفل أحمر حلو جولييند
- فلفل أخضر معتدل. جولييند
- 1 بصلة صغيرة مجزأة
- 1 ملعقة كبيرة من أوراق الريحان الطازجة. مكعبات
- ¼ ملعقة صغيرة قشر ليمون مبشور
- ملح وفلفل؛ ليتذوق
- 1 ملعقة كبيرة + 1 ملعقة صغيرة زبدة غير مملحة

تعليمات:

a) تخلط جميع المكونات ما عدا الزبدة في طبق كبير. تخلط بلطف لتخلط جيدا. يقسم خليط الخضار إلى نصفين. ضع كل نصف في منتصف قطعة من رقائق الألومنيوم مقاس 12 × 12 بوصة ، ثم ضع الزبدة على الخضار

b) اجمع زوايا القصدير معًا لتشكيل هرم ؛ تحريف للختم.

c) تُشوى عبوات رقائق الألومنيوم على الفحم الحار بدرجة معتدلة لمدة 15 إلى 20 دقيقة ، أو حتى تنضج الخضار. قدميها على الفور.

حَلوَى

96. براوني سيزلر فادج بصلصة الشوكولاتة

مكونات:

- 1 كوب من مسحوق الكاكاو غير المحلى
- 1 كوب دقيق لجميع الأغراض
- 1 2/1 كوب سكر حبيبي
- 1 ملعقة صغيرة ملح
- 2 ملعقة كبيرة فانيليا بودرة / خلاصة
- 1 كوب زبدة مذابة
- 4 بيضات
- 250 جرام شوكولاتة داكنة
- 2 ملعقة كبيرة زيت بدون نكهة

تعليمات:

a) هذه البراونيز هي لزج ناعم مع طبقة علوية مجعدة. إنها كعكة مثالية للاستمتاع بها ، وسهلة التحضير ولذيذة للغاية. كل ما عليك فعله هو اتباع الوصفة خطوة بخطوة وسوف ينتهي بك الأمر أيضًا في كعكة الشوكولاتة المثالية. استخدم دائمًا الشوكولاتة الداكنة عالية الجودة في هذه الوصفة. استخدم مسحوق الكاكاو غير المحلى عالي الجودة دائمًا في أي وصفة مطلوبة. يمكنك استخدام أي مسحوق أو خلاصة الفانيليا.

b) المكونات بسيطة لنصنع كعكات الفدج. أولاً ، قم بتقطيع الشوكولاتة الداكنة ، فأنا أستخدم شوكولاتة داكنة إضافية ، ولهذا السبب استخدم 1 2/1 كوب سكر إذا كنت تستخدم الشوكولاتة الداكنة أو الشوكولاتة شبه الحلوة أو الحلوة ، ثم أضف السكر وفقًا لذلك ، وسأقوم بتعبئة البراونيز بصلصة الشوكولاتة لذلك كل هذه سوف توازن الذوق. تتحقق من الشوكولاتة الخاصة بك ثم تضيف السكر حسب الحاجة. إذا كان لديك سكر بني ، استخدم نصف ونصف السكر البني والأبيض.

c) بعد تقطيع الشوكولاتة تقريبًا ، بعضها في قطع كبيرة ، وبعضها صغيرًا ، واحتفظ بها جانباً وخذ وعاءً كبيرًا يضاف إليه الزبدة المذابة والسكر. ثم قم بتكسير كل البيض الأربعة الموجود فيه واخفقه بخلاط كهربائي. يمكنك الخفق يدويًا أيضًا ولكن في هذه الحالة لن تكون النتيجة النهائية جيدة. اخفقي لمدة 5-6 دقائق على سرعة عالية. بحلول ذلك الوقت ، سيكون متجدد الهواء ، شاحب اللون ويتضاعف حجمه ونوعه كريميًا تقريبًا. ثم نضيف الزيت النباتي ونخلطه مرة أخرى.

d) ثم نخل جميع المكونات الجافة في نفس الوعاء. قم دائمًا بنخل مسحوق الكاكاو لأنه يحتوي على العديد من الكتل. بعد الغربلة ، يُمزج كل من المكونات الرطبة والجافة عن طريق تعليمات التقطيع والطي. تذكر أننا لم نقم بإضافة أي عامل صاعد ، لذا يجب أن يبقى الهواء الذي أدخلناه في المكونات الرطبة لتحضير كعكة الشوكولاتة اللزجة. قم دائمًا بطيها بملعقة رفيعة للغاية بحيث يبقى الهواء في الخليط أثناء الطي. لا تفرط في m7x وإلا فسيكون الأمر صعبًا.

e) بمجرد خلطها تمامًا ، أضف 4/3 قطع الشوكولاتة المفرومة واخلطها مرة أخرى برفق. في غضون ذلك ، سخني الفرن على حرارة 180 درجة مئوية لمدة 15 دقيقة.

f) ثم خذ قالب خبز دهنه بالزيت وبطنه بورق الزبدة أو ورق الزبدة ثم امسحه بالفرشاة مرة أخرى. الآن نسكب كل الخليط في طبق الخبز. ثم افردها بملعقة أو ملعقة ثم اضغط عليها برفق. أضف الآن قطع الشوكولاتة المتبقية فوقه ووزعها بالتساوي.

g) الآن احتفظي بها في الفرن المسخن واخبزيها على حرارة 180 درجة مئوية لمدة 50 دقيقة أو حسب الفرن الخاص بك. قد يستغرق الأمر 5 دقائق أكثر أو أقل في فرنك ، لذا راقبها. بمجرد الانتهاء من ذلك ، أخرجه من الفرن وسيبدو ناعمًا ولزجًا في المنتصف ولكن لا تخبزه مرة أخرى ، سيكون مثاليًا بمجرد أن يبرد. اتركه في طبق الخبز لمدة 10 دقائق ثم أخرجه وسحب ورق الزبدة وأخرجه بسهولة. اتركه ليبرد لمدة 15-20 دقيقة ثم قصه بالشكل والحجم المطلوبين.

h) يمكنك تقديمها كما هي أو يمكنك تقديمها مع صلصة الشوكولاتة. بالنسبة لصلصة الشوكولاتة ، تحقق من الوصفة السابقة المنشورة على حسابي وستحصل عليها هناك. لكننا نصنع كعكة الأزيز لذا سأبقي طبق الأزيز الخاص بي على نار عالية وأجعله ساخنًا. ثم اسكب عليها صلصة الشوكولاتة واسمع الأصوات الأزيز التي ستحبها. ثم احتفظ بقطع البراوني عليها وغطيها بآيس كريم الفانيليا. إنه اختياري تمامًا ولكن مذاقه أفضل عند تقديمه بهذه الطريقة.

i) ثم قم برش المزيد من صلصة الشوكولاتة فوقه وقدمها. استمتع بهذه البراوني المشوية على طراز المطعم مع عائلتك وأصدقائك.

97. بودنغ سوجي وشواية الفاكهة

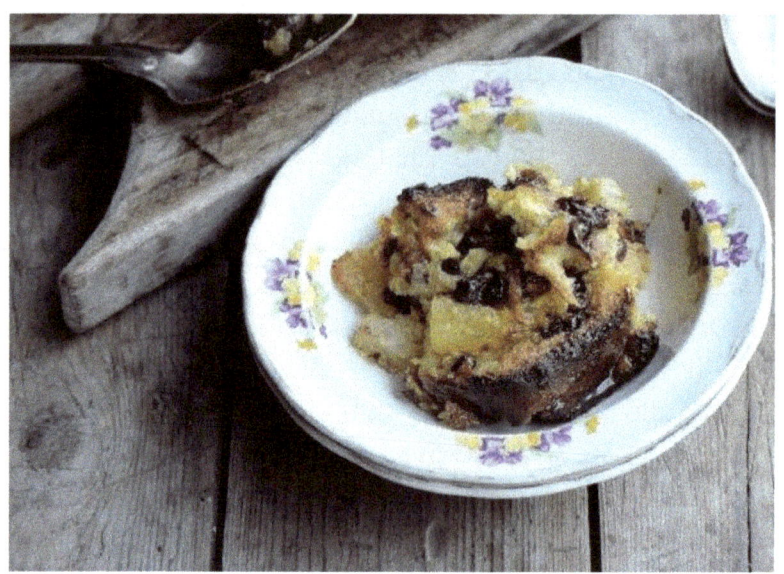

يصنع 4 حصص

مكونات:

- 1 ملعقة كبيرة سمن نباتي
- ^{1}ربع كوب كاجو مشوي غير مملح
- ^{1}ربع كوب زبيب ذهبي
- 1 كوب سوجي
- ^{1}نصف كوب سكر
- 11/2 كوب أناناس ، مانجو ، أو عصير عنب أبيض
- ^{1}ربع كوب من قطع الأناناس
- ^{1}4 ملعقة صغيرة هيل مطحون

تعليمات:

a) سخني المارجرين في مقلاة متوسطة على نار خفيفة.
b) نخب الكاجو والزبيب والسوجي حتى تفوح رائحته لمدة 5 دقائق مع التحريك بانتظام.
c) استمر في الغليان مع التحريك باستمرار بعد إضافة السكر وعصير الأناناس.
d) اطهيه لبضع دقائق أطول حتى يتشكل بودنغ كثيف ، ثم أضيفي قطع الأناناس والهيل.
e) قسّم البودينغ بالتساوي على أربعة أطباق صغيرة للتقديم.

98. سبليت موز مشوي

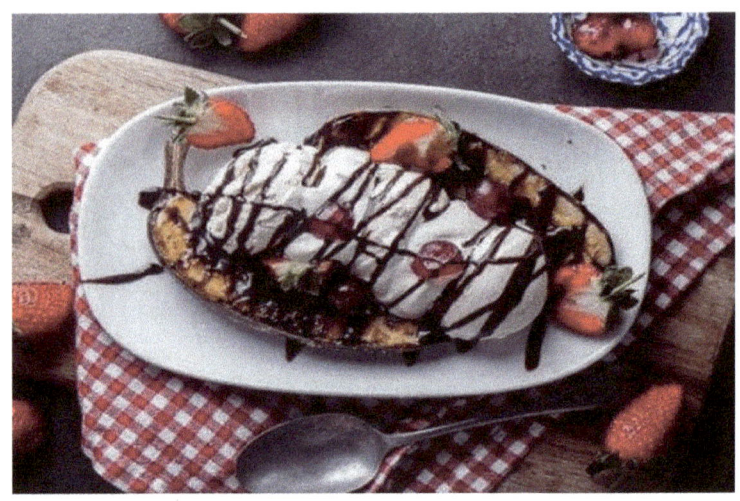

يجعل: 6

مكونات:

- 2/1 كوب زبدة مذابة
- نصف كوب سكر بني فاتح معبأ
- 6 ثمرات موز ، مقطعة بالطول
- 1 لتر آيس كريم فانيليا
- 1 كوب حلوى فدج ساخنة ، دافئة

تعليمات:
a) سخن الشواية على حرارة متوسطة إلى عالية.
b) يُمزج الزبدة والسكر البني في طبق خبز مقاس 9 × 13 بوصة ويقلب جيدًا.
c) ادهني الموز بمزيج الزبدة لتغطيته بالكامل.
d) يُطهى لمدة 4 إلى 6 دقائق ، أو حتى تبدأ الحواف في الغليان ، ويكون الجانب المسطح لأسفل على الشواية ؛ اقلبها بملعقة واطبخها لمدة 2 إلى 3 دقائق أخرى ، أو حتى تحمر بلطف.
e) ضعي قطعتين من الموز المطبوخ في كل من الأطباق الستة ، وزعي فوقها الآيس كريم ورشيها بالفدج الساخن.
f) تخدم على الفور.

99. شوكولاتة براوني سيزلر

مكونات:

لبراوني

- 2/1 سكر ناعم
- 4/1 كوب سكر بني
- 2 بيض
- 2/1 ملعقة صغيرة فانيليا / خلاصة شوكولاتة
- 2/1 كوب 75 جرام زبدة
- 4/3 كوب دقيق
- 4/1 كوب مسحوق كاكاو
- 2 ملعقة كبيرة طبخ قطع الشوكولاتة
- 3 ملاعق كبيرة حليب
- 1 ملعقة صغيرة بيكنج بودر ممتلئ

لصلصة الشوكولاتة

- 2 ملعقة كبيرة زبدة
- 2 ملعقة كبيرة جوز / لوز (اختياري)
- 3 ملاعق كبيرة سكر ناعم
- 3 ملاعق كبيرة من مسحوق الشوكولاتة / الكاكاو
- 3 ملاعق كبيرة شراب ذرة
- 3 ملاعق كبيرة كريمة طازجة
- 8/8 صينية خبز مربعة
- 2،3 بولة آيس كريم فانيليا

تعليمات:

a) يُنخل الدقيق ومسحوق الكاكاو والبيكنج باودر معًا.

b) الآن نأخذ وعاء ونضيف كل المكونات تقبل قطع الشوكولاتة والحليب ثم نخفقها لمدة 3 دقائق بسرعة متوسطة.

c) تحقق الآن من خليط البراوني إذا كان قشديًا كثيفًا بدلاً من إضافة الحليب مع التقليب باستخدام ملعقة.

d) يُسكب المزيج الآن في مقلاة براوني مربعة 8/8 ويُدهن بالملعقة.

e) أضف الآن قطع الشوكولاتة في الأعلى وامزجها على مدار الساعة.

f) سخني الفرن على حرارة 180 درجة مئوية لمدة 12 دقيقة بدلاً من صب خليط البراوني في الرف الأوسط واخبزيه لمدة 27 إلى 30 دقيقة.

g) انتبه إلى البراوني بعد 27 دقيقة ، افحص الكعكة بالأسياخ / عود الأسنان إذا كان السيخ بدون خليط حتى تنضج ، لكن إذاكانت تحتوي على دقائق من الخبز لمدة 3 إلى

5 دقائق إضافية في الفرن ، إذا كانت جاهزة من إخراج البراوني و دعهم يطبخون من 5 إلى 10 دقائق ثم اقلب ورق الزبدة بهذه الطريقة.

h) قطعي البراوني واتركيها تبرد لمدة 20 دقيقة في الثلاجة.

i) في غضون ذلك ، يتعين علينا صنع صلصة براوني الأزيز ، والآن نجمع المكونات الموضوعة جانبًا.

j) سخني المقلاة وأضيفي جميع المكونات معًا واطهي على نار منخفضة لمدة دقيقتين واستمر في التقليب عندما يصبح الاتساق كثيفًا هكذا.

k) سخني المقلاة وأضيفي جميع المكونات معًا بدلاً من الطهي لمدة دقيقتين واستمري في البدء بالملعقة / الملعقة إذا كان قوامها سميكًا مما يجعلها جاهزة لإطفاء اللهب.

l) دع الكعكة تبرد ونقطعها.

m) سخني الصحن الساخن / أي قالب كيك مستدير وادهنه بقليل من الزيت / الزبدة بدلاً من إضافة نصف صوص الشوكولاتة بدلاً من إضافة البراوني ثم أضيفي نطاقات آيس كريم الفانيليا فوق صوص الشوكولاتة الساخنة.

n) لدي طبق دائري أزيز مما يمكنني قطع قطع الكعكة المتوسطة إلى الصغيرة الحجم.

o) أسلوب مطعم سيزلر اللذيذ والساخن والرائع جاهز لتقديمه في المنزل ، واستمتع به.

100. حلاوة جاجار و اسفنجة سيزلر

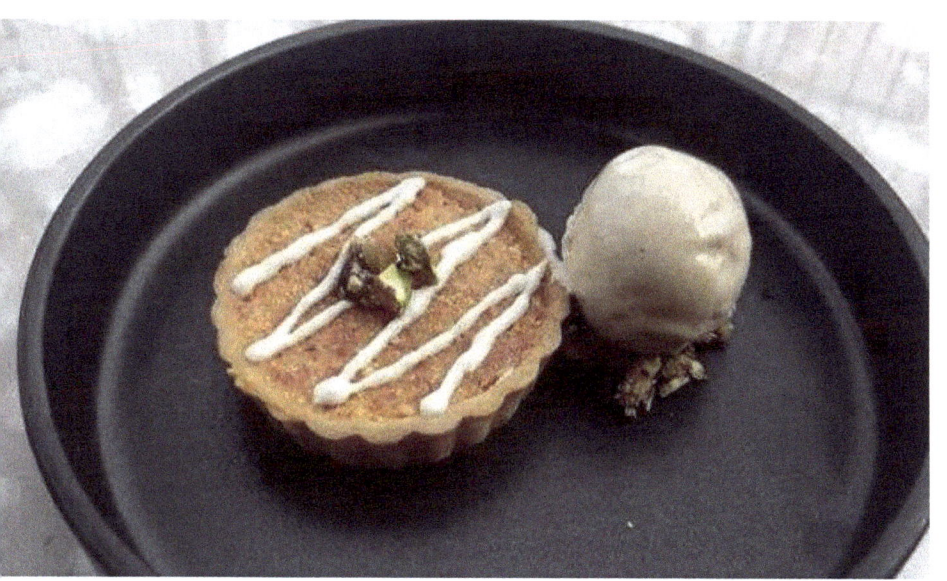

يجعل: 4

مكونات:

- كعكة إسفنجية بالفانيليا 1 (قطر 6 بوصات)
- كعكة إسفنجية شوكولاتة 1 (قطر 6 بوصات)
- نصف كوب عصير برتقال
- حلاوة جاجار 2 كوب
- 2 كوب رابدي
- ورق فضي عدد 2 ورق
- شرائح اللوز 12-15

تعليمات:

سخن لوحة الأزيز على اللهب المكشوف. قم بتقطيع الكعك الإسفنجي إلى النصف أفقيًا. ضعي قالب الخاتم على نصف كعك الفانيليا والشوكولاتة وقطعي شرائح مستديرة باستخدام سكين حاد. بلل الجولات بعصير البرتقال

ضعي إسفنجة الشوكولاتة دائريًا في قالب الحلقة في القاعدة. انشر طبقة سميكة من حلوى الجاجار فوقها وقم بتنعيم السطح. ضعي إسفنجة الفانيليا دائريًا فوق طبقة حلوى الجاجار واضغطي برفق.

انشر مرة أخرى طبقة سميكة من حلوى الجاجار. تنعيم الجزء العلوي. إذاكنت ترغب في ذلك يمكنك الاحتفاظ بهذه الشطيرة في الثلاجة لبعض الوقت.

اطوِ ورقة من رقائق الألومنيوم. ضع صفيحة الأزيز الساخنة فوق القاعدة الخشبية. ضع ورق القصدير المطوي فوق الطبق. الآن ضع شطيرة الكيك على ورق القصدير. قم بفك الشطيرة برفق من القالب الدائري. نسكب بعض الربدي فوق الشطيرة. تزيين برقائق الفضة.

رشي رقائق اللوز وقدميه على الفور.

خاتمة

يمكن إعطاء عنوان الأطعمة الأكثر إرضاءً وراحةً وكاملةً وعلاجًا للعين لأزيز. لسبب واحد بسيط ، بمجرد أن تراه ، تريد أن تأكله كله! عادل بما فيه الكفاية ، إنه يحتوي على الكثير من الطعام في طبق واحد لدرجة أنك تشعر أنك لست بحاجة إلى أي شيء آخر في حياتك ولكن جرب أيًا من هذه الوصفات المائة ولن تنظر إلى الوراء أبدًا! يتمتع.

Ingram Content Group UK Ltd.
Milton Keynes UK
UKHW020607010623
422703UK00008B/73

9 781835 004401